JN440113

간호사가
사는 세상

님께

드림

간호사가 사는 세상

정현선 간호사 지음

포널스
출판사

Prologue

"선상님은 저 속은 썩어 문드러져도 웃을 수밖에 없제? 얼마나 답답할 게나...."

일하고 있는데, 보호자가 내게 다가오며 해준 말이다.

나는 치열한 현장에서 일하고 있는 간호사이다.

한때, 나는 나를 가둔 직업보다 더 나은 풍경을 원했다. 그래서 간호사와 관련이 없는 이야기에만 흥미를 느꼈고 그것만을 쫓아다녔다. 일이 힘들면 자신의 삶을 외면하고 싶은 법이니까.

또각또각 구둣발 소리를 내며 출근하는 직장인이 마냥 부러웠고, 학교 가는 학생들이 그저 부러웠다. 나 말고 다른 사람의 삶은 매일매일 특별한 것만 같았다. 그래서 자꾸 그들에게로 시선이 갔다. 그 속에 있는 친구들과 지인들은 매일, 매순간 즐거운 것만 같았다.

부러움을 잊고자 종종 책을 읽었다. 책을 읽으면 직업을 떠나 다른 생각을 하게 해주니까 말이다. 하지만 책 중에서 병원 이야기가 나온 책은 멀리했다. 병원과 관련된 다큐멘터리는 쳐다보지도 않았다. 그리고 누군가 밖에서 내게 직업을 물을 때면 그냥 회사원이라고 대답했다.

병원이란 장소는 항상 따뜻한 곳이 아닌데, 대부분의 병원과 관련한 글은 '의료진과 환자 간의' 공감을 맺은 감동적인 이야기만 그려질 뿐이었다. 다른 경우는 힘들었던 환경을 걷어차고 새로운 환경에서 적응하는 자부심 강한 간호사들의 이야기들로 채워져 있었다. 이런 이야기는 나와는 상관없는 그들의 이야기일 뿐이었고, 그들은 나와는 다른 세계에 사는 사람들이었다.

간호사로 사는 것.

남을 배려하며 모든 것을 희생해야 하는 만큼, 그 안에 들어와 보면 이 세계가 녹록지 않다는 것을 많이 느낄 것이다.

그런 삶에서 그냥 누군가와 얘기하고 싶었다. 적어도 수많은 사람 중에서 공감하는 사람 한 명 어딘가에 있지 않겠느냐는 마음에서 말이다. 수잔 캠벨이란 사람은 말했다. '똑바로 사는 것보다 솔직하게 사는 것이 중요하다.'라고. 나도 내면에 솔직한 심경과 오랜 시간 고민했던 감정을 솔직하게 이야기하고 싶었을 뿐 그 외에 이 글을 쓴 다른 특별한 목적은 없다.

이 책은 치열한 공간 속에서 벌어지는 이야기들과 항상 따뜻하지만은 않은 사건과 감정들, 그리고 고민들을 날것으로 전하는 – 있는 그대로의 간호사 이야기이다.

차례

Chapter 2. 빨간약 할아버지와 원칙주의

Chapter 3. 열 개의 눈

Chapter 4. 간호사, 완벽한 사람은 없다

Chapter 1

간호사도 주방에서 일해요

1. 간호사도 주방에서 일해요

보이지 않는 세계, 보이지 않은 감정, 사람들이 모르는 우리의 일. 나는 그런 직업을 갖고 있는 간호사이다. 정작 하는 일보다 감춰진 일이 많음에 안타까움을 느낀다. 음식은 화려하지만 그 음식을 위해 온 정신을 담은 요리사의 혼을 볼 수 없기에 맛으로만 평가해야 하는 직업. 오롯이 손님에게는 맛이라는 결과만 보인다.

TV 프로그램 《윤식당》을 보면, 주방 안에서 이뤄지고 있는 과정과 노력이 보인다. 일반사람들에게 식당이라는 곳은 그냥 음식을 먹으러 가는 곳이다. 그러나 식당 안에 있는 요리사에게는 음식을 만드는 것뿐 아니라 어떤 요리를 팔 것인가? 반응에 따라 어떤 메뉴를 더 고쳐야 할지를 생각하는 곳이다. 사는 재료의 상태도 확인하고, 중간중간 더러워진 접시를 바꿔주고, 메뉴를 차례차례 하나씩 주는 것과 같은 섬세함이 있어야 하는 그런 곳 말이다. 우리의 일은 그런 식당 안에서 음식을 만드는 것과 같다. 손님이 들락날락하는 공간 속에서 음식을 만들면서 음식에 집중하면서도 그것을 먹는 손님의 반응을 살피는 생각들....

간호사 또한 대상자의 이해 정도를 파악하여 건강문제에 대해 최선의 선택을 할 수 있도록 도와주는 직업이다. 그의 신념과 가치를 존중하고, 가능한 모든 자원을 동원하여 고통을 줄여주고 건강을 회복하며, 질병예방과 건강증진 활동을 할 수 있게 해주는 그런 직업이다.

어떻게 하면 최선의 간호를 할지, 어떻게 하면 더 나은 선택을 할지, 어떻게 하면 더 많은 베풂을 줄 것인지 생각하는 우리 간호사들이다. 나보다는 당신들의 편안함과 안녕을 위해 존재하는 직업.

그런데 우리의 일은 보이지 않기 때문에 슬프게도 아주 작은 역할처럼 존재한다. 대부분은 그냥 주사 놔주는 사람 정도로만 낮게 인식되고 있다. 그러나 병원에서는 그 밖에 많은 일을 하고 있다. 환경 관리, 물품관리, 환자 직접간호, 안전 관리, 질 관리, 감염관리 등등 이런 것 안에 세부적인 항목들은 더더욱이 많다.

그러나 사람들은 간호사가 앉아있으면 아무 일도 안 하는 것처럼 보이나 보다. 누군가의 시선엔 간호사실에 앉아있는 간호사는 쉬고 있는 간호사다.

"간호사들 맨날 컴퓨터만 하던데?"

간호사실의 주방에서는 간호란 요리를 만들기 위해 재료를 준비하기도 하고, 기록이 이루어지는 곳이다. 간호업무에 기록은 중요하다. 잘잘못을 논할 때 우리에게 어쩌면 무기이기도 하고 아킬레스건 같기도 하다. 군 분류를 해서 일정 점수가 넘는 중증 환자 사정, 낙상, 욕창, 통증 사정 및 기록, 오늘 소독할 환자 챙기기, 검사에 대한 전후 간호 기록, 의사처방받기, 약 챙기기, 약 정리, 약 반납, 투약기록 등 주방은 보이지 않는 간호사의 업무가 이루어지는 공간이기도 하다. 환자가 아프다고 하거나 요구 사항이 있으면 그것을 듣고 주문을 한다. 환자의 요구 사항을 의사에게 알려 요리를 환자에게 전달한다. 어떻게 하면 환자들에게 더 맛있는 요리를 내주고, 더 좋은 요리솜씨로 보답할 수 있을까 하는 마음을 가지고 일한다.

보이지 않는 일을 하는 사람들은 그것이 보이지 않기 때문에 남들 눈에는 일하지 않는 것처럼 보인다. 우린 그렇게 묵묵히 일해 왔다. 그러나 주방을 떠나는 사람들은 많다. 이타적인 직업임에도 간호사는 왜 이직을 해야만 하는 것일까? 청년 취업이 어렵다고 하는데도 보건의료노조에 따르면 간호사의 평균 근속연수가 5.4년밖에 안 되고 신규간호사의 이직률이 33.9%에 이른다고 한다. 화장실 한 번 가기, 물 한 모금조차 마음껏 마실 수 없는 열악한 노동환경! 그뿐만 아니라 간호사는 아픈 사람에게 주사만 주는 일 말고도 보통사람이라면 겪지 않아도 될 엄청난 무게의 일을 가진 사람들이었다. 간호사는 인간으로서 갖는 감정을 억누르며 환자뿐만 아니라 보호자, 의사, 병원직원 모든 사람에게 상처를 받는 사람이기도 했다.

때때로 나도 아픈 사람을 보면 연민의 감정을 갖지만, 간호사는 숨겨야 한다는 마음에 울컥하기도 했고, 무리한 요구 사항을 건네는 사람들에게 "인내"라는 단어를 새기는 일도 많았고, 마땅히 내 자질이 부족해서 내가 돌보는 사람들에게 미안함의 감정도 있는 그런 사람이었다. 우린 인간이지만, 간호사라면 나 자신의 감정과는 무관하게 일터에서는 '간호사에게 바라는 이미지'로 일해야 한다.

나는 그런 주방에서 일한 지 8년이 되었다. 나는 병동 간호사이다. 누군가는 그 정도면 간호사 할 만하겠다, 수월하겠다고 생각하는 시기일 수도 있다. 또는 전문가로서 뭔가 완벽히 해가는 시기라고 생각할 수도 있다. 신규 간호사보다는 어느 정도 업무 흐름을 알고 있고, 망설이지 않고 어떤 선택을 할 수 있는 연차다라고 생각한다. 그러나 나는 여전히 감정이 서툰 간호사였다.

환자 보호자와의 관계, 의사와의 관계, 간호사로서의 자질 등 어느 하나 완벽한 것이 없는 평범한 사람이었다. 환자와의 약속을 지키지 못해 죄책감도 들었고, 아픈 사람을 보면 연민의 감정이 일기도 했고, 일이 많아서 답답해지면 동료 간호사에게 화를 내기도 했다. 원칙대로 해가는데도 일반 사람들이 내게 보내는 따가운 시선에 상처를 입기도 하고, 예측할 수 없는 사건에 당황한 적도 있었다. 죽어가는 사람을 보고 무뎌질 때면 내가 이래도 되는 건지 고민이 되기도 했다.

그런 모습이 전문직으로 프로 같아 보이지 않았으면서도, 그런 내 모습이 싫었으면서도 계속 반복하는 간호사였다. 그러나 간호사도 인간이었다. 그런 감정을 가질 수 있다고 생각이 들었다. 간호사라는 직업은 왜 이렇게 지칠까?라는 물음도 함께 생각해 보았다. 이러한 물음표의 답이 모두 해결되진 않았다. 생각의 시간을 가져도 그냥 그런 사건이고 그런 일뿐인 수많은 일 중에서 그냥 그 감정을 보았다.

"당신은 왜 간호사를 하나요?"

소명과 어떤 신념으로 시작했던 직업, 사실 간호사가 된 이유 중에는 금전적인 이유도 있다. 나 또한 생계유지를 위해서 직업을 가져야 하는 대한민국의 평범한 사람이다. 직업이 없고 돈을 벌지 않으면 내가 하고싶은 것을 못하고, 사고 싶은 것을 못 사는 세상이다. 그러나 이유야 어찌 되었든 초심을 등지며 그만두는 사람들이 많다. 더 많이 주려고 했던 초심은 어디에서도 찾을 수 없다. 우린, 보통 사람이 겪지 않아도 될 많은 일을 겪는다. 그래서 더 금방 지친다.

2. 엄마, 저 간호사 그만둘래요

사람들은 내게 묻는다.

"도대체 간호사는 뭐가 그리도 힘든 거예요?"

이런 질문에 대해서 어떤 대답을 해야 할지. 안 괜찮은데 괜찮다고 말할까? 아니면 안 괜찮은 이유를 구구절절 다 말할까?

어제 한 간호사 친구를 만났다. 친구의 친구 동생이 이번에 간호사로 병원에 입사를 했는데 그만두겠다고 가족에게 통보를 했단다. 한 달도 안 돼서 말이다. 이 말을 들은 가족들은 그냥 그만두라고 할지 말려야 할지 이러지도 저러지도 못하는 상황이라고 했다. 4년간의 힘든 전공 공부를 마치고 채 얼마 되지 않아 내린 그 결정에 대해 뭐라고 말하면 좋을지 고민이라고 말했다. 그래서 그 친구는 답답한 마음에 간호사 친구에게 전화를 했단다.

가족들은 동생에게 사회생활이 다 힘든 것이라 말했지만 그 말이 통하지 않았단다. 일만 마치고 돌아오면 힘들어하는 동생에게 어떻게 말해주어야 할지 모르겠다고 했다. 이에 친구는 동생이 괜찮다면 본인이 전화로 상담을 해주겠다고 했단다. 그러고 나서 실제로 많은 이야기를 나눴다고 했다.

이 이야기를 들으며 나도 문득 그만두고 싶었던 과거의 그때가 떠올랐다.

"엄마, 저 간호사 그만둘래요."

그러나 안타깝게도 나의 힘듦을 온전히 이해해주고 받아주는 가족은 없었다. 타지에 있는 병원에서 근무 중에 울면서 어렵게 누른 번호....

"그만둘래요, 너무 힘들어요."

이렇게 말 한마디 내뱉고 하염없이 울었다.

부모님은 그 전까지 내가 하는 말이라면 모두 다 수용해 줬었다. 그랬기에 그만둔다는 의사도 존중해줄 줄 알았다. 그러나 돌아오는 대답은 "사회생활은 다 힘든 거다."였다. 사실 나의 지친 목소리를 듣고도 받아주지 않는 가족들에게 서운한 감정도 많이 있었다.

2012년 겨울, 결국 이직을 했다. 쉼표 한 번을 찍은 것이다.

어쩌면 누군가에게 어떤 일을 몇 년 안 하고 때려치웠다고 이야기하면 '그것 하나 못 버티는 참을성 없는 사람'으로 비칠 수는 있다. 또는 볼멘소리를 한다고 할 것이다. 그러나 '우리들' 사이에 누군가 이직을 결심하게 되면 우리는 고개를 끄덕인다. 그를 100% 존중하고 이해한다. 병원에서 함께하고 싶어 한두 번 붙잡기는 하지만 말이다.

정을 줬던 환자들이 하나둘 떠나간다. 그렇게 하루에도 무수히 많은 사람들이 간다. 그 옆에서는 슬퍼하는 보호자가 있고, 나는 또 그 보호자를 보면 감정이 일렁인다. 아무 표정도 짓지는 않지만 마음속으로는 울컥하고, 울컥하고, 울컥한다. 더욱이 정이 갔던 환자였다면.

간호사 의무에 최선을 다했지만, 해줄 수 있는 마지노선의 법적 테두리 속에서 나는 더 이상 해줄 것이 없는데 더 많은 것을 요구하는 보호자에게 "이것밖에 해줄 수 있는 게 없습니다."라고 말하며 느끼는 감정들.

그랬을 때 돌아오는 보호자의 따가운 말....

아무렇지 않게 일상생활을 해오던 평범한 사람이 암이라는 진단을 받고 느끼는 절망감....

그 옆에는 지켜보는 우리 간호사가 있다.

딱 5월쯤 소풍 시기! 티켓팅하려고 줄을 섰는데 수만 명의 인파가 대기하고 있음을 알았을 때

할 수 있는 일보다 하지 못하는 일이 많을 때, 그런 일이 내 일임을 알았을 때 느끼는 답답함

나를 향해 쏟아지는 많은 질문 세례

산더미같이 쌓여 있는 수많은 일 속에서 우선순위를 생각해야 하는 것

그 사이사이 계속 일이 터지는 병원의 환경

그저 일이 마무리된 하루가 아니라 시간이 지나서 끝난 일

서로 격려하며 버텼던 동료들이 너무 힘들어하며 그만두는 것을 바라만 보는 일

그 속에 더 이상 나에게 버팀이 될 사람이 없어진다는 무서움

언변술사라면 환자들의 감정을 더 충족하게 위로해줄 수 있을 거라는 나에 대한 책망

간호사로서 잘했음은 다 당연한 것이고, 그 당연함 속에 흐트러진 것이 있으면 듣는 추궁

간호사 아닌 아가씨라고 불리면서 콜을 처리하는 사람으로 인식되는 낮은 사회적 위치

진료보조의 모호한 경계 속에 나에게 떠넘겨지는 일

내가 하지 않은 일도 간호사라서 질책 받는 일

내 일을 마무리 짓지 않으면 동료가 더 힘든 환경

때론 윗사람이 무리하게 떠넘기고 갔던 일

똑같은 환경 속에 쳇바퀴 도는 나의 태도

이 모든 것이 나를 오늘도 흔들리게 한다.

매번 따뜻하면 얼마나 좋을까! 모두가 안 아프면 얼마나 좋을까!

오늘도, 10년이 되고 그만두는 선생님의 글을 읽었다. 코딱지만한 소명감을 휴지에 "흥-" 풀어버렸다고. 이 정도면 많이 하지 않았냐고.

그동안 숭고한 일을 했지만, 미련 없이 떠나는 직업의 슬픔을 일반 사람들은 모른다. 그동안 간호사들이 그만두고 싶은 환경에 대한 원망도 해보았다. 그리고 나도 그런 환경 때문에 흔들렸다. 사실 내가 처음 간호사를 그만둔 큰 이유는 근로환경 때문이었다. 쉼이 없는 근무와 박봉!

병원을 이직하고 지금의 병원에서 더 많은 월급을 받고 있지만, 직업에 대해서 여전히 나는 고민하고 있다. 환자, 보호자와의 관계, 의사와의 관계, 간호사라면 겪을 법한 윤리적 갈등 상황에서 무엇을 마땅히 해줘야 하는지 당황스러웠던 일, 간호사로서 환자의 감정을 어루만져주지 못하는 미안함. 모든 사람을 수용해야 한다는 간호사에게 요구되는 감정, 그리고 일을 하면서 느끼는 후회감. 감정이입과 연민, 쉽게 우선순위를 정하지 못할 때의 두려움 등 아직도 해결하지 못한 숙제가 많다.

나는 항상 이해심이 많은 간호사가 아니었기 때문에, 간호사의 자질을 모두 갖춘 간호사가 아니었기 때문에, 경험이나 지식 부족으로 환자들이 궁금한 질문에 대해 대답하지 못하는 것도 있었고, 바쁘다는 핑계로 때론 충분히 설명하지 못하며 환자들이 선택의 폭을 넓혀주지 못했다. 감정이 흔들리고 고민이 생길 때면 방향을 다시 찾고 싶었다.

때론 간호사도 불완전한 한 인간이라 여겨주는 마음을 바란 적이 있었다. 나보다 당신의 안위와 건강이 우선이어야 함에도 간호사 자신도 누군가 바라봐 줬으면 하는 생각.

그런 생각을 하며 화장실 갈 시간도 안 주고 밥 먹으러 갈 때 간호사를 더 찾는 환자들이 야속할 때도 많았다. 해야 할 수백 가지의 일 중에서 머릿속에 우선순위를 끊임없이 생각하고, 그 뒤에는 더 많은 해야 할 일이 쌓여가는 숨 막히는 시간. 그런 우선순위 속에서 내가 하는 선택이 과연 정말 옳았을까? 하는 끊임없는 고민. 원칙대로 일을 해가는데도 싫은 소리를 감내해야 하는 경우, 그리고 아픈 사람을 볼 때 동요했던 나의 감정. 마땅히 해줄 일을 다 못해주는 것 같은 죄책감 등 그런 순간순간 나는 항상 답답했다.

그 속에서 어쩐지 내가 바랐던 간호사, 내가 가져야 할 자존감은 와장창 무너져 버렸다. 항상 선하고 따뜻한 책들만 읽어왔기 때문이다. 왜 간호사의 감정에 대해 알려주는 책은 어디에도 없을까라는 생각을 했고, 우리도 인간이기에 이런 감정을 겪는다는 것은 당연하다고 말해주는, 누군가 한 명 괜찮다고 말해주는 사람이 있었다면, 너희들 참 힘들었겠구나!라고 알아주는 사람 있었더라면, 이렇게 많은 사람이 떠나가지는 않았을 텐데 하는 생각도 잠시 해보았다.

감정이 많이 아팠구나... 힘들었겠구나....

그래서 그날부터 나는 감정과 고민을 기록했다.

3. 당신은 어떤 간호사입니까?

당신은 어떤 간호사입니까?라는 질문을 받으면 어떤 간호사라고 대답할 수 있겠는가?

따뜻한 간호사입니다.

전문적인 간호사입니다.

착한 간호사입니다.

똑똑한 간호사입니다.

나이팅게일입니다.

이런 식의 대답을 할 간호사들이 많이 있다.

그러나 나는 이런 수많은 대답을 비켜선 다른 대답을 할 것이다.

"간호사이지만, 흔들립니다."

"감정이 아픈 간호사입니다."

간호사라는 틀 속에서 어떤 감정을 표현할지 몰라 동요했다. 그리고 엄청난 무게에 짓눌렸을 때 그걸 막지 못하고 그냥, 감정이 아픈 간호사였다.

그렇다면 간호사는 어떤 자질을 갖춰야 할까?

"무릇 간호사라면 자신을 먼저 희생하는 마음이 있어야 해요."
"예기치 못한 상황이 발생하면 즉각적인 조치를 취할 수 있는 신속함이 필요합니다."
"전문적인 지식을 가지고 있어야 합니다."
"순발력도 필요로 해요."
"대상자에 대한 어떠한 편견도 없어야 합니다."
"항상 따뜻해야 합니다."
"언제 어디서나 쓴소리를 들었을 때 그것을 수용할 수 있는 관대함과 시시각각 변하는 의료 환경 속에서 새로운 기술을 습득할 수 있는 능력도 필요합니다."
"양질의 간호를 제공할 능력도 있어야겠죠?"

"동료나 다른 의료진, 병원 직원들과 함께 협동할 수 있는 대인관계 능력이요."

"어떤 위기 속에서도 흔들리지 않는 이성을 가져야 하고, 스트레스도 잘 관리해야 할 것 같아요."

또 또....

그러나 이러한 자질이 필요함에도 나는 간호사의 자질을 완벽히 갖추지 못한 간호사였다. 특히 감정에 있어서. 그런데 과연 무언가에 흔들리는 감정이 나쁜 것일까? 우리가 알고 있는 플로렌스 나이팅게일도 간호사의 자질을 모두 갖추었을까?

우리의 인식에 나이팅게일은 남에게 이타적이며, 누구보다 간호에 헌신한 사람이라고만 알고 있다. 그래서 '백의의 천사'라고 한다. 그러나 이타적인 그녀가 4대 성인에 속하지 않는 이유가 하나님이 아니라 그냥 천사였기 때문일까? 그녀는 극한 상황 속에서 천사의 모습을 하고 있었을까?

그녀를 인터넷 창에 검색해보면 '독불장군 스타일'이

라고 말한다. 아니 내가 알고만 있던 나이팅게일의 여린 이미지가 아니었다. 자기 주관대로만 처리하는 사람이었다니 말이다.

어떤 책에서는 그녀가 신경질적이라고 말한다. 게다가 독선적이고 화를 잘 내고 거만한 사람이었다고. 간호 환경에 대해 개혁을 하는 그 당시 상황에 마냥 가녀린 천사의 모습만으로 일을 추진했다면, 그녀가 바라는 대로, 원하는 세상은 이루어졌을까? 물론 그가 직접간호에 참여하기보다는 행정가라는 평이 많지만 말이다.

그녀의 그 당시 상황을 잠깐 상상해본다. 청소가 잘 안 되거나 그녀 맘에 안 들었을 때 화를 내는 모습이 보일 것이다. 그녀가 답답해하는 것도 보일 것이다. 수백 명의 부상병이 몰려올 때 정말 난감하지 않았을까? 그녀가 느꼈던 생각은 그저 "대박!! 멘붕!!"이라고 외쳤을 것 같지 않은가? 그렇다. 그녀도 사람이었다.

그녀가 일했던 그 시기, 그때의 그 환경을 생각하면 그녀가 얼마만큼의 스트레스를 받았는지 나는 짐작할 만하겠다. 전쟁 통에 더러운 병원을 청소하는 것이 얼마나 힘든 일이었을지.... 아무것도 없었을 그냥 정신적 혼란이었을 그 시기. 정신없이 부상병들을 치료했을 것이다. 물품도 부족했을 것이다. 더러운 것을 치우고 치워도 늘 더러워 보였을, 그냥 제자리걸음이었을 것이다. 그런데도 그런 환경 속에서 그녀가 화가 많은 사람이 아니라 이타적이며 간호계의 한 획을 긋는 인물로서 평가되는 것에 아무도 태클 걸 사람은 없다. 그리고 그녀에 대한 평판이 어찌 되었든 간에 그런 환경 속에서도 그녀는 '간호학의 선구자'라는 수식어를 가지고 있다.

4. 간호사도 감정 위안이 필요한 사람

우리의 일은 엄청난 스트레스를 받지만, 감정 컨트롤 하는 방법을 배우거나 스트레스 해소하는 방법을 가르쳐 준 사람은 없다. 그 답은 오롯이 집에 가서 알아서 해결

해야 할 숙제이다.

사실 사람을 대하는 일이기에 제일 인간적인 모습을 보여야 한다고 하지만 실제적으로 인간적일 수 없는 강요된 감정을 받는 경우가 많다. 나의 모습이 아닌 간호사 정현선으로 일하라는 말을 수없이 되뇌며 눈물 한 방울 내비치면 '프로답지 못하다'라는 말을 듣는 게 현실이다.

사실 프로답지 못하다고 말하며 울지 않아야 하지만 우린 아픈 사람을 지켜보는 것만으로 울 수밖에 없는 엄청난 무게의 통각을 느끼고 있다.

"아프냐? 나도 아프다…."

한때 시청률 40%를 찍었던 MBC 드라마 '다모'의 유행어였다. 이 대사는 알고 보니 정말 과학적이었다. 뇌 안에는 공감 신경회로가 있다. 타인의 고통을 공감하는 데 관여하는 회로가 있어 타인의 아픔을 지켜보면, 우린 그 사람과 같이 괴롭고 슬픈 감정을 똑같이 느끼는 것이라 했다.

아픈 사람들 곁을 24시간 지키고 있는 우리들이야말로 통각을 느끼는 부분이 활동 중이니 그 고통은 가히 짐작할 만하지 않는가? 그러니 환자의 통증 점수를 근무마다 사정하는 것뿐만 아니라 우리의 이런 통각과 스트레스 지수도 함께 사정해야 한다고 생각한다.

간호사는 바람직하다고 요구되는 감정을 가지고 살아야 한다. 흔들리지 않는 감정을 가져야 한다. 그러나 이따금, 나는 그러지 못했다. 이성을 가지고 합리적 판단을 하는 간호사여야 했지만, 때때로 당황하기도 했다.

6월, 검게 변해만 가는 그의 얼굴이 잊혀지지 않는다.

여느 때와 같이 출근했다. 밤 근무로. 태국 국적이라고 인계가 왔다. 원인미상의 발열. 그는 어떤 사연으로 이곳에 누워있는 것일까?

외국인 환자가 오니 문득 지난번 옆 팀에 베트남 국적을 가진 환자가 생각났다. 딸의 집에 관광차 왔다가 암으로 인해 흉수가 차고, 산소포화도가 떨어져서 입원했던 환자. 그때 선배 간호사가 이곳저곳 전화를 하며 처치 비용을 알아봤었다. 관광비자로 들어온 그의 입원비용을 최소화하려고. 그때 이해가 안 가서 선배에게 말 한마디 내뱉었다.

"왜 우리가 외국인에게 그래야만 해요? 우리가 열심히 일한 돈으로 세금을 내고, 그 돈이 어딘가에 새고 있다면 불공평하잖아요."

혈세 낭비라고 생각하며 한동안 이해가 가지 않았고 이 사건은 시간이 지나서 기억 속에 잊혀졌다.

누워있는 환자의 얼굴을 보고 나니 그때 그 선배의 행동이 이해가기 시작했다.

간호사로서의 시선.

건강보험으로 병원비 감면 혜택은 대한민국 국민으로는 당연한 권리라한다. 의료보험의 혜택을 받고자 온 외국인을 '먹튀', '무임승차'라 표현한다. 대한민국 국민으로서 세금 낭비라고 생각하지만, 간호사로서의 시선은 달랐다. 더욱이 태국 국적의 환자를 바라본 그 순간 나도 뭔가 해주고 싶은 마음이 들었다.

'나는 간호사였지. 그때 선배도 간호사의 마음으로 환자를 본 거였구나.'

《한국간호사 윤리지침》 제7조(평등한 간호 제공)를 보면

『① 간호사는 간호 대상자의 국적, 인종, 연령, 성별, 정치적 · 사회적 · 경제적 지위, 성적 지향을 불문하고 차별 없는 간호를 제공하여야 한다.

② 간호사는 간호 대상자의 종교와 신념, 사상의 자유를 존중하여야 하며, 자신의 종교적 관점과 신앙 행위를 강요하여서는 아니 된다.

③ 간호사는 간호 대상자의 관습과 문화의 다양성을 이해하고 존중하여야 한다.』

라고 나와 있다.

인간으로 같은 존엄함을 가진 그 사람과 우리나라에 살고 있는 국민으로서의 존엄함은 같은 것이었다. 인종, 나라 모든 것에 상관없이 같은 인간이라는 시선.

보험 분류를 일반으로, 모든 처치 비용을 개인이 부담

하게 되는 상황은 그에게 얼마나 부담이 될까? 태국 국적의 사나이. 나라가 가난해서 낯선 땅에 돈 벌러 온 사람일까?라고 추측도 해보았다. 사연이 궁금했지만 들을 수 없었다.

그는 점점 출혈의 흔적으로 얼굴은 검게 착색되어 갔다. 검사실 직원은 혈소판 수치가 너무 낮아 반신반의하며 계속 결과를 올려도 되냐고 20번 되물었다. 응급상황이라고 말했지만 계속 의심했다. 그 얼굴을 봤더라면 그런 의문은 싹 사라졌을 것이다. 사지의 청색증과 혈변을 계속 보고 있는 그에게 말이 통하지 않는 나라.

선후배 간호사와 함께 이런 대화가 오갔다.

"말 한마디 못 알아듣는 곳에 누워있는 그는 무슨 생각이 들까?"

"집에 가고 싶다는 생각이 들지 않을까요?"

말 한마디 통하지 않는 곳에서 그가 느낀 불안과 무서움은 어디까지일까 생각을 해본다.

그는 그날 밤 중환자실로 갔다.

그리고 며칠 동안은 나는 연민의 감정으로 뒤척였다. 마땅히 치료를 위한 처치 말고는 해준 게 없는데. 내가 이 사람에게 어떤 도움이 되었나? 내가 그를 본 시선은 간호사로서의 시선이었는지.

5. 투명인간

오늘도 출근하기 위해 간호사 유니폼을 입는다. 간호사 유니폼을 입으면 온전히 투명인간이 된다. 곳곳을 누비며 일을 하기 시작한다. 하나하나 일을 해 가는데도 사람들은 어쩐지 나를 보지 못한다. 누군가 봐주지 않는 삶은 외롭고 고독한 것이다. 투명인간이 되는 딱 좋은 이유는 몰래 해보는 짜릿함일 텐데 내가 입고 있는 유니폼 기능에는 그런 게 없다. 내가 입고 있는 옷에는 당연함만 가득하다. 이것도 간호사가 할 일, 저것도 간호사가 할 일, 어느 살림살이 하나 간호사 일이 아닌 곳이 없다.

사실 사람들은 투명인간이 되고 싶은 상상을 하지만 나는 투명인간이 되고 싶지 않다. 지금 내가 하는 일이 투명 직업이기 때문에 그 투명함의 수많은 슬픔을 알고 있다. 보이지 않는 일이기에 보는 사람에 관점에 따라 했던 일도 안 한 것처럼, 하지 않은 일도 했던 것처럼 보는 시각만 존재할 뿐이다. 오늘은 다시 봐도 슬픈 오늘이다.

보이지 않는 일을 하는 사람들은 더 어려운 일을 하고 있다고 느껴진다. 누군가에게 보탬이 되지만 정작 자신에게 득이 될 게 없고, 아무것이 아닌 것처럼 비치기 때문이다. 우리가 남을 위해 일한다는 소명감 외에 다른 어떠한 것도 마음에 드는 게 없다. 누구에게 자리 한 번 더 양보한다고 해서 돈을 얼마 더 버는 직업이 아니라는 것이다. 때론 했음에도 불구하고 결과가 안 좋았단 이유만으로 누군가에게 질책당한다. 보이지 않는 일을 한 과정에 대한 보상은 없다. 누구도 지켜보지 않았고 그건 오로지 결과로서만 보여야 할, 사람의 생명이 왔다 갔다 하는 것이기 때문이다.

여느 때와 같이 막 근무를 시작하려던 찰나에 모르는 보호자가 오더니 다짜고짜 실컷 자신의 감정들을 쏟아낸다. 얘기를 들어 보니 전 근무자에게 인계를 들은 내용이 문득 떠올랐다. 신규 환자가 왔는데 환자가 안 좋아져서 중환자실에 갔다고 그렇다고만 얘기를 들었다. 바로 그 환자의 보호자 같았다. '왜 너희들이 환자 잘 보지도 않아서 사람 안 좋게 만들었냐. 이건 방조다. 책임져라.'부터 시작해서 '너희들이 잘못한 거 아니냐. 잘못되면 가만히 안 있을 거다.'라고 말하며 한바탕 병동을 뒤집어 놓았다.

환자는 중환자실에 이미 올라간 상태였고 나는 그 환자의 얼굴 한 번 못 봤으며 중환자실에 간지 이미 시간은 꽤 지나있던 상태였다. 욕은 고스란히 면전에 쏟아졌고 난 처음 보는 보호자에게 간호사라는 이유만으로 그 사람의 감정을 넘겨받았다. 같은 간호사라는 이유만으로 그 책임은 연대책임으로 나에게 쏟아진 셈이다.

나는 그 보호자에게 아무 말도 할 수 없었다. 갑자기 쏟아진 욕설과 분노에 당혹스럽기도 했고, 간호사니까 그러면 안 되지라는 무의식적 억압도 있었기에 그랬다. 그리고 화가 머리끝까지 난 사람에게 우린 최선을 다 했다고 말하고 싶었지만, 결과는 달라지지 않았을 터이기에 침묵했다. 그렇다고 죄송하다는 말은 하지는 않았다. 그 과정에 잘못된 점은 없었기에. 그리고 마음 한쪽엔 '왜 얼굴 한 번 보지 않은 나한테 그러시지?'라고 외치고 있었다.

그리고 집에 와서 왜 그때 그 순간 말 한마디 내뱉지 못했는지에 대해 후회감에 사로잡혔다. 보이지 않는 일을 한다고 해서 아무 일을 안 하는 것은 아니다. 어떻게 그들이 방치라는 말을 내뱉을 수 있는지 그러나 그러면서도 이미 체념하고 있었다. 내 입으로 아무리 말해봤자 다른 이의 생각은 바뀌지 않을 것이라고 말이다.

맞다. 사람들의 의식과 편견은 생각보다 무섭다. 결과가 좋지 않았기 때문에 아무것도 하지 않았을 거라는 단정 지음. 그리고 괜찮던 사람이 안 좋아지면 예전엔 안 그랬는데 왜 그렇게 되었냐고 그에 대한 추궁까지 이어진다. 가만히 시간이 지나면 그리고 기다리면 되는 줄 알았다. 상처가 시간에 아물듯이 말이다. 그런데 그 상처는 아물지 않았다. 이렇게 두고두고 후회되는 걸 보면 그냥 나 자신을 말할 수 있는 그런 사람이 되어야겠다고 생각했다.

"간호사는 환자를 위해 존재하는 사람입니다. 그러나

우리도 사람이고 우리가 처한 현실에서 환자에게 최선의 간호를 했습니다."

라고 말이다.

사실 우리의 직업은 기준을 구분 짓기 어려운 일이다. 안 좋은 환자를 99번 봤더라도 100번 보길 원하는 보호자가 있으면 100번 안 봤다는 추궁을 들을 수 있다. 99번의 간호 중 한두 번 맘에 들지 않으면 아무것도 안 해줬다라는 평가도 들을 때도 있다. 왜 저 사람만 100번 보고 나는 99번 보냐고 하는 옆 환자도 있을 것이다. 왜 이리 100번 보면서 시끄럽게 하냐고 말하는 사람도 존재한다. 그런 명확한 기준, 표준이 없는 일을 하고, 그런 경계는 눈에 보이지 않기에 어려운 일이다.

우리도 환자 상태가 나빠지면 기분이 좋을 리는 없다. 환자가 안 좋으면 더 많은 일을 하게 되고 마음도 안 좋고 득이 될 게 없는데, 간혹 가다 이런 모진 말들을 내뱉는 사람들을 마주할 때면 어떻게 대답해야 나와 상대방의 감정을 둘 다 만족시킬 수 있는지 그 답을 찾는 데 어려움을 느낀다.

처음 일을 시작하고 나서 왜 내가 하지도 않은 일을 가지고 이 사람은 뭐라고 하나 한 마디 내뱉고 싶었다. 집에 오니 화도 많이 났다. 우리의 일은 한 일에 대한 책임뿐만 아니라 모두가 한 일에 대한 추궁까지 받으니까 답답하기도 했다. 심지어 전화를 받았다는 이유 하나만으로 다른 직종의 업무에 대한 화를 받아내야 할 때도 있다.

그러나 함께 해가는 일이기에 그 몫은 모두가 가지고 있는 셈이다. 잘못한 것도 남이 책임져야 하는 그런 것. 잘한 것도 그냥 간호사라는 이유만으로 짊어져서 하는 것들. 그래서 더욱이 더 어려운 일이다.

6. 생명을 대하는 직업을 가진 사람들의 비애

『제천 화재 부실대응 소방서장 등 4명 입건』 - 한겨레신문, 2018.05.10.

『29명이 숨지고 40명이 다친 제천 '노블 휘트니스 앤 스파' 화재 참사 관련 수사가 마무리됐다. 경찰은 현장 상황 파악과 전파, 지휘 등을 제대로 하지 않아 피해를 키운 혐의로 당시 소방서장 등 지휘부를 불구속기소 의견으로 검찰에 송치했다.

충북지방경찰청 제천 화재 사건 수사본부는 지난해 12월 21일 제천 화재 참사 당시 현장 조처와 지휘 등을 제대로 하지 않아 다수의 사망자가 발생하게 한 혐의(업무상과실치사)로 이○ ○ 전 제천소방서장과 김○ ○ 전 제천소방서 지휘조사팀장 등 2명을 입건하는 등 관련 수사를 마무리했다고 10일 밝혔다.

경찰은 이 전 서장 등이 당시 2층에 다수의 구조자가 있다는 사실을 보고받았지만 현장 상황 파악과 전파, 2층 구조 지시 등 최소한 기본적 조처로 소홀히 해 다수의 사망자가 발생한 것으로 판단했다.』

몇 달 전 곳곳에선 화재가 자주 일어났다. 프라하 화재, 종로 여관, 피트니스센터, 병원까지 화재사건으로 많은 이들의 목숨을 앗아갔다. 이런 사건이 일어나고 나서 안타까움과 동시에 사람들은 불을 못 끈 소방관들을 질타했다. 사람을 모두 구하지 못했다라는 이유로 말이다. 병원에서도 불이 나자 사람들은 의료진에게 손가락질을 먼저 했다. 누군가는 그렇게 말했다. 그곳에 있어보지 않은 사람은 그런 말 할 자격이 없다고 그야말로 아비규환이었다고 말이다.

사람의 생명을 대하는 직업을 가진 사람들의 책임감은 사람의 목숨을 구하는 것뿐만 아니라 그런 질타까지 수용해야 하는 무거운 책임감이 동반되기 때문에 몇십 배나 어려운 것이다. 그 모든 것이 결과로 평가되기 때문이다. 이런 직업을 가진 사람들에게 보상은 없다. 당연한 직업관이기 때문이고 사람의 목숨을 구한 것도 고마운 일이 아닌 지극히 당연하고, 사람의 생명을 살린 것도 지극히 당연한 일이 되기 때문에.

사회가 점점 더 개인주의가 되고 있다. 자기만 잘 먹고 잘 사는 세상, 나의 행복과 안녕이 최고인 세상 말이다. 안타깝게도 그럼으로써 누군가 자신을 위해 일할 사람이 줄어든다는 것은 슬프지 않은가? 점점 더 이런 일들을 회피하게 될 것이다.

건강한 사회는 내가 우선이 아니라 타인에게 시선을 먼저 주고, 타인을 위해 조건 없이 무언가를 희생해도 안녕한 사회인데 지금은 과연 건강하다고 말할 수 있을까?

보이지 않는 일을 한다는 것은 슬픈 일이다. 과정은 눈에 보이지 않기 때문이다. 한 사람의 생명을 구하기 위해 여러 명의 간호사와 의료진이 고군분투하는 시간은 보이지 않는다. 이 직업을 가진 사람으로서 마땅히 소명감을 가지고 해야 할 일들이 있지만, 보이지 않는 수많은 시선과 질타를 당연한 것으로 생각해야 하는지에 대해서는 여전히 의문이다. 물론 인내해야 하고, 받아들여야 할 것이지만!

7. 쪼고 쪼는 세계

병원은 예민한 사람들의 집합소이다.

24시간 병원의 시계가 멈추지 않는데도 '이따요'가 용납이 안 되는 세계.

당장 해야 하는 일로 가득찬 세상이다.

열나는 사람에겐 정확한 시간 안에 항생제를 줘야 하고.

주사가 안 들어가고 그냥 수액만 달고 있는 사람도 수액 한 방울 안 떨어지면 제대로 된 치료를 받지 않는 것처럼 느껴지는 곳.

잠시의 기다림의 시간조차 허용되지 않는 곳.

생명도 신속히 소생되어야 하는 곳.

이런 응급상황의 반복 속에서도 '당장'과 '지금 당장'을 생각해야 하는 순간이 있다. 이런 세계에서 쪼고 쪼는 것은 당연할지도 모른다. 일례로 일을 하다가 어떤 의사가 우리들에게 선생님은 새라고 말한 적이 있다.

"왜요?"

"계속 새처럼 쪼아대니까."

쪼고 쪼는 세계. 나는 새들의 무리와 함께 일하고 있다.

검사 후 퇴원을 결정하는 경우에는 검사 결과를 의사가 확인해줘야 우린 퇴원 정리를 할 수 있다. 그야말로 나비효과. 의사가 퇴원처방을 해야 간호사의 업무가 시작된다. 퇴원 약 처방받기, 퇴원 간호기록 남기기, 보호자나 환자에게 줄 퇴원교육지 만들기, 환자에게 처치가 안 된 약과 검사 반납, 외래진료 날짜예약, 필요한 검사에 대한 예약, 필요한 서류 챙기기 등.... 그러고 난 뒤 퇴원절차는 서류심사파트로 넘어간다. 우리의 손을 떠나도 서류심사가 끝난 뒤에 '퇴원'의 과정이 이루어지는 것이다. 그야말로 의사의 한 번의 날개 푸덕거림이 간호사에게 주는 영향과 환자의 퇴원에 이르기까지의 영향력은 굉장하다. 이런 일련의 과정에 관여된 사람이 여러 명이면 일 처리가 더디어지니 답답하고 스트레스를 받아 화가 나기도 한다. 이런 날갯짓이 늦어지면 이제 새들의 세계가 시작된다. 환자는 왜 퇴원이 늦어지냐고 하고 우린 의사를 쪼기 시작한다.

그날도 기관지 내시경을 하고 후에 x-ray를 찍고 퇴원해야 하는 환자가 있었다. 기관지 내시경을 하고 나면 기흉이나 폐렴, 공기색전증 같은 폐합병증이 있을 수 있어 흉부 가슴 사진을 찍는다. 그 x-ray를 의사가 확인을 해줘야 퇴원 정리를 할 수 있다. 환자들은 사진을 찍고 난 뒤에 바로 퇴원한다고 생각하는 경우가 대부분이다. 그날 그 환자도 집에 빨리 가겠다고 재촉했다.

의사가 다른 공간에서 다른 일을 하고 있었기 때문에, 그 의사가 지나가기만을 기다렸다. 얼굴을 보자마자 내가 해야 할 말만 엄청 쏟아부었다. 그 의사가 나를 질렸다는 표정으로 쳐다봤다. 그는 해야 할 일들이 많아서 지금 당장 못해준다고 했다. 그리고 내게 짜증을 내며 기다리라는 말을 했다. 이에 나는 "나도 이런 내가 싫어요." 라고 말하며 쓰디쓴 웃음을 지은 적이 있었다. 나도 쪼고 싶지 않았다. 그러나 쪼임엔 쪼임이 있어 쪼는 것이라는 것을 그 누군가는 알까?

새는 왜 쪼아 댈까? 한겨레 신문기사에서 읽었다.

『딱따구리는 단단한 나무를 부리로 쪼아 구멍이나 소리를 낸다. 먹이를 잡고 둥지를 지으며 자신의 영역을 널리 알리는 데 꼭 필요한 행동이다.』

둥지를 짓기 위해 꼭 필요한 행동. 딱따구리도 살기 위해 쪼아댄다. 병원에서 쪼고 쪼는 세계는 당연할지도 모른다. 사람을 살리는 곳, 안락한 둥지를 지어야 하는 곳. 안락함과 동시에 쪼고 쪼는 세계는 시간이 중요한 곳이다. 어쩌면 굳이 쪼아댈 필요가 없는 사건일 수 있겠지만.

병원이란 곳은 '순간'의 합으로 이루어지는 곳이다. 잠재적 순간을 위해 존재하는 곳. '순간'이라는 시간을 무시하면 안 되는 곳. 순간의 실수조차 허용될 수 없는 곳. 순간이라는 시간을 안이하게 생각하면, 미래에 일어날 어떤 사건을 가져오는 나비효과. 시간이 쌓이고 쌓여서 나중에 감당하기 어려운 일로 번질 수 있는 무서운 곳이다.

강신주의 감정 수업에 이런 글이 나온다.

『인간에게는 두 가지 시간이 존재한다. 하나는 지속이란 시간이고, 다른 하나는 순간이란 시간이다. 지속은 우리에게 예측 가능한 시간을 주면서 심리적으로 안정감을 준다. 반면 순간은 첫 만남처럼 과거 자신의 안정적인 모습을 파국으로 몰고 가는 위험한 시간이다. 그러니까 일상적으로 사용하는 순간이라는 용어와는 조금 다르다. 1초, 1초, 그렇게 흘러가는 시계의 초침이 가리키는 것이 순간이 아니다. 초침의 누적으로 분침이 움직이고 분침이 쌓여서 시침을 움직이는 지속의 시간을 무력화시키는 사건이 발생할 때 바로 그때가 순간이다.』

《감정수업》, 강신주, 민음사, 2013

그러나 가끔 의사 중에는 죽음의 순간인 환자 말고는 어떠한 것도 우선순위를 두지 않는 사람도 있다. 그러면 그 쪼임의 상처는 우리 간호사들에게 가해진다.

병원에서 일하다 보면 간호사가 수시로 왔다 갔다 했어도, 의사의 얼굴 한 번 못 보면 제대로 된 치료가 안 되는 것처럼 느껴지는 곳이 이곳 병원이다. 얼굴 한 번 내비치지 않는 의사에 대한 환자, 보호자의 불만을 받아내는 역할은 24시간 상주해 있는 간호사들의 몫이다.

열이 나서 의사에게 알려 해열제를 투여하고 10분도 안 돼서 다른 병원으로 전원을 가겠단다. 당장! 전원 가는 이유를 들었지만 가겠다는 다짐은 완고했다. 의사에게 알렸다. 퇴원 처리를 해줄 것을. 30분 뒤에 보호자가 간호사실에 나왔다. 내게 이제 가면 되냐고 물었다. 이에 나는 퇴원까지의 절차를 설명했다. 보호자는 내게 기다리는 입장에서는 절차를 이해한다고 했지만 시간은 이해해주진 못했다. 화가 난 보호자가 간호사실 앞에 나와 나를 계속 응시하고 있었다.

"아.직.도. 멀.었.어.요.?" 그러면서 "간호사들도 힘든 거 압니다!"라고 했지만 그 화를 받아내는 것은 내 몫이었다. 수십 번, 의사에게 연락을 했지만 퇴원 처방은 들어오지 않았다. 나는 퇴원하기 위해 보호자, 환자가 기다린 시간에 대한 질책을 면전에서 받아낼 수밖에 없었다. 간호사를 하기 전에는 아픈 환자만을 돌보면 되는 줄 알았다. 그건 착각이었다.

이런 일은 간호사를 하면서 8년의 시간이 흘렀지만 수없이 겪은 일이었다. 그러나 매번 이런 일을 겪을 때 "죄송합니다. 기다려주세요."라고 말하는 것 외에 다른 방법을 찾진 못했다. 권력자에게 아무런 말을 못 하는 우리의 사회에 대해서, 그리고 간호사는 함부로 대해도 된다는 사회 인식이 답답한 오늘이었다. 보이지 않는 의사의 욕을 보이는 간호사에게 하고, 그래서 상처는 간호사가 받을 수밖에 없는 이 세계에 대해 회의감도 들었다. 우리의 이런 상처에 대한 위로는 다음 생애에서는 받을 수 있는 것인지....

오늘도 이런 상처를 마음의 이미지로 담아두었다.

'이런 상처를 담아내는 것도 간호사의 몫이구나!'

8. 금식은 너무해!

간호사는 남을 잘 이해해야 한다. 그러나 남을 100% 이해한다는 것은 쉽지 않은 일이다.

사람들은 말한다. 나는 환경 때문에 힘들다고. 그러면서도 남이 힘들다고 하면 그 사람의 능력이나 역량이 모자라 그렇게 느끼는 것이라고 말한다. "개는 일을 못해서 그래."

나 또한 간호사로서 이럴 수밖에 없는 환경 탓을 하고만 있었지 간호사로서 자질이 안 되는 나라고는 생각하지 않았다. 남을 이해하는 넓은 마음을 갖지 못한 나의 마음. 나는 그저 주어진 일만 했던 그런 간호사였지 그들의 질병과 증상을 온전히 공감하는 그런 이해심 있는 간호사가 아니었다. 그날도 그랬다.

그저 신경질적이라고 생각했던 사람을 마주했다. 암 환자인데 이 사람은 암의 수용 5단계 중 2단계에 해당하는 분노 단계에 접어든 그런 사람이라고 생각했다. 목 안에 암 덩어리가 막고 있어 물 한 모금 삼키는 것이 어려울 정도로 끙끙 앓았다. 목에 스텐트를 넣어야 했지만 전신마취를 하면 위험성이 커서 하지 못했다. 더욱이 결핵으로 격리까지 해야 했기 때문에 병실에 들어갈 때마다 날이 곤두섰다. 뭔가 간호처치를 하려 하면 하지 말라고 거부를 했다. 물건을 집어던지기도 하는 등 예민함은 극에 달했다. 항상 그대로인 식판을 보며 왜 식사를 안 하냐고 물어보면 "먹게 해줘야 먹지."라고 말로 마음을 긁았다.

매번 병실을 들어갈 때마다 물건을 집어던지는 환자 때문에 나도 마음의 상처를 적잖이 받고 있었다. "그래요! 먹기 싫으면 먹지 마세요!"라고 모질게 내뱉고 병실을 나왔다. 그날 그 환자 때문에 화를 잠재우지 못했다. 시간은 그렇게 흘렀고 퇴근을 하고 집에 왔다.

요 며칠간은 다이어트 때문에 식이요법을 하기로 했었는데, 문득 참을 수 없는 배고픔이 나를 보고 포기하라고 얘기했다. 그날도 실패라고 말하며 우걱우걱 음식을 먹는데 문득 그런 생각이 들었다.

'환자들에게 금식을 말하면서 나는 하루 종일 굶어본 적이 있었나?'

먹고 싶지만 넘길 수 없는 고통. 그분에겐 그런 문제가 있었다.

의. 식. 주. 세상엔 가장 기본적인 것이 위협받는 게 가장 큰 시련이다. 삶의 질이 확 떨어진다. 먹고살아야 하는 우리는 인간이다. 먹고사는 문제야말로 정말 중요하다.

검사를 하거나 소화기계에 문제가 있거나, 환자 상태가 안 좋아 기도로 흡인 위험성이 있는 경우 금식을 한다. 치료나 검사를 위해. 그러나 금식은 이런 환자들에게 가장 힘든 일이었다. 음식 맛이 보고 싶어 그냥 씹고 뱉으면 안 되냐는 보호자도 마주한다. 죽어도 내가 죽겠다고 한다. 기도로 흡인이 돼도 무작정 먹겠다는 사람도 있다. 검사를 기다리는 동안 그 기다림의 시간에 지치는 것이 아니라 먹지 못하는 시간에 지쳐 화를 내는 사람들도 있다. 먹고 싶은 것을 먹지 못하거나 그 음식을 보고도 식욕이 없어 먹지 못하는 사람들.

간호사로서는 금식을 지켜야만 한다. 그들의 신념보다 생명이 우선이기 때문에. 원칙이 우선이기 때문에. 그러나 그들은 내게 화를 낸다. 그들이 내게 보내는 시선은, 당신과 같은 입장의 환자가 아니라 자기 음식을 먹지 못하게 하는 간호사이기 때문에 화를 내는 것이었다. 나도 머리로는 알고 있었다. 그러나 금식이 힘든 그 사람처럼 나도 신이 아니라 사람이기 때문에 그 사람들을 다 수용하기엔 무리가 따랐다.

9. 걱정도 팔자

그렇게 큰 수술은 아니었지만, 환자 상태가 유독 걱정이 되는 경우가 있다. 신경외과에서는 흔한 수술이지만 호흡기 내과에서 안 해본 수술이기 때문이었다. 환자는 폐색전증이 주진단이어서 호흡기 내과로 입원했다. 내과 환자의 경우 복합적인 질환이 많아 가끔 입원하는 환자의 진단명을 보노라면 정말 호흡기 내과가 맞나 싶은 경우가 많다. 침상에서만 생활하는 환자였고 말만 겨우 하는 환자여서 '과연 그 상태로 수술은 할 수 있을까?'라는 의문은 들었지만, 의사의 소견은 가능한 상태라고 했다. 그래야 더 환자 상태가 더 좋아질 가능성이 높아진다는 것이었다.

그렇게 뇌수종으로 vp shunt op(Ventriculoperitoneal Shunt Surgery: 뇌실-복강 간 단락술)한 환자가 있었다. 뇌수종, VP shunt OP... 건강인 사이트를 검색하면 쉽게 알 수 있다.

수두증(hydrocephalus)은 그리스어로 물을 뜻하는 hydro와 머리를 뜻하는 cephalus라는 단어에서 유래한 말입니다. 수두증은 뇌 안쪽의 뇌실이라 불리는 공간에 비정상적으로 많은 양의 뇌척수액(cerebrospinal fluid: CSF)이 축적되어 여러 증상을 일으키는 병입니다.

뇌척수액은 여러 중요한 기능을 가지고 있는데 뇌와 척수를 둘러싸고 있어서 외부충격에 뇌와 척수를 보호하는 쿠션역할을 하며,

단백질과 영양분을 함유하고 있어 뇌조직에 공급하고 노폐물을 처리하는 역할도 합니다.

수두증은 이런 뇌척수액의 생성과 흡수, 흐름에 불균형이 있을 때 발생하고 시간이 지나면서 뇌실내 압력이 높아져 뇌실의 확장과 뇌압상승으로 인한 여러 증상이 발생하게 됩니다.

출처: 건강인사이트, 질병관리본부, 대한의학회

션트 수술은 뇌실에 얇은 관을 두고 뇌척수액을 두피 아래로 뽑아내어 이어진 관을 통하여 이를 복강이나 흉강으로 보낸 후 그곳에서 복막과 흉막을 통하여 다시 몸에 흡수되도록 하는 수술이다.

출처: 네이버 지식백과, 서울대학교병원 의학정보
http://www.snuh.org/

눈 한번 쓱 훑으면 모든 환자를 볼 수 있는 곳이 중환자실이지만 병동에서는 일일이 찾아가야 환자가 안녕한지 볼 수 있다. 시야에 들어오지 않는 환자를 간호하는 것은 어려운 일이다. 자주자주 본다고 하지만 자주와 자주 사이의 시간들에 어떤 사건이 일어나는지 알 수 없기에. 그렇다고 병실 곳곳에 CCTV를 설치하자니 그것도 문제고 말이다. 특히 밤에 환자를 보는 것은 더더욱 어려운 일이다. 밤이 되면 의식 사정이 힘들어지기 때문이다. 잠을 자는 건지, 의식이 기면 상태인지 의식이 더 처지는지 깨워보지 않으면 모르는 일이다. 모니터 장비를 하고 있고, 활력징후가 안정적이라 해서 의식 상태를 안 보는 것은 위험한 일이다.

그 환자가 수술한 날, 나는 밤 근무로 출근을 했다. 수술 전에도 침상 생활을 하였고 스스로 거동이 안 되기 때문에 걱정도 됐고, 그 환자는 내게 밤 동안 신경을 곤두서게 하는 환자였다. 전 근무 번 간호사에게 인계를 들었다. 수술 잘하고 왔다고, 의식 상태도 괜찮다고 말이다. 그러나 환자 상태는 시시각각 변하기에 내가 근무하는 시간 내내 환자는 안녕해야 한다.

병실 라운딩을 하며 수술을 마친 환자의 의식 상태 확인을 위해 환자의 이름을 불렀다. 왠인지 그 환자는 불러도 대답이 없었다. 더 강한 자극을 위해 환자를 흔들었다.

"할머니!!"

눈을 뜨며 내게 버럭 외쳤다.

"왜 건드려! 나 안 죽어 걱정 마!"

안도의 날숨이 나왔다.

"죄송해요. 불러도 대답이 없어서 걱정돼서 그랬어요!"

"안 죽어! 걱정마."

다행이었다.

밤에 자고 있던 환자를 여러 번 깨웠다. 걱정이 돼서 일이 손에 잡히지 않았다. 환자가 매번 나를 귀찮아 할때마다 나는 그게 기뻤다. 환자가 괜찮아서.

그러나 가끔 간호사로 걱정이 많은 게 좋을 때도, 불편할 때도 있다. 혈압이 높은 환자에게 밤에 혈압을 자주 쟀더니 아침에 짜증을 내며 혈압 잰 간호사 때문에 잠을 못잤다고 말하는 환자를 만나면 말이다.

간호사들은 강심장이기도 하지만 걱정이 많은 사람들이기도 하다는 걸 느낀다. 어떤 간호사는 환자가 퇴원해서 병원이나 집에 가서도 괜찮은지, 잘 지내는지 궁금해 미칠 지경이라고 말하곤 한다. "걱정도 팔자야, 그만해 그만."이라고 말하며 웃기도 하지만.

가끔은 이런 생각이 들기도 한다. 환자가 정말 걱정돼서 그들을 귀찮게 하는 건지, 내 걱정을 멈추기 위해 그들을 닦달하는 건지.

10. 실수와 믿음

요즈음 들어 내가 하는 일이 무서운 일이라는 걸 느낀다. 귀에 들리는 사건과 기삿거리들. 안전한 환경이 되어야 하지만 하루하루 외줄 타듯 불안정한 것이 요즈음이다. 왜 그럴까? 간호사의 근무 태만? 부주의? 흔히 뭐에 씌인 듯 그런 일을 저지른다고 한다. 그냥 쉬는 날은 그저 좋은 날인데 이런 소식과 기사를 접하는 순간 여러 가지 감정이 뒤섞인다. 그리고, 쉬는 날이라서 다행이었다!

실수는 누구나 할 수 있다. 그러나 내 사람은 안 된다. 이것이 내가 하는 일이다. 바빴다고 전해 들은 날, 사건 사고가 많았다고 한 날, 통제 밖의 일들이 일어난 날, 솔직히 나는 그런 날 쉬는 날이고 싶다.

2016년 7월 29일 환자안전법이 시행되었다. 2010년 5월 백혈병을 앓고 있던 환아, 정종현 군에게 정맥으로 주입되어야 할 항암제가 척수강내로 잘못 들어가 아이는 사망하게 되었다. 의료진의 실수로.

이 부모는 자신의 아이와 같은 사람이 다시 나오지 않길 바라는 간절함으로 이 법을 제정하는 데 많은 노력을 했다. 환자를 살리고자 있는 병원의 존재가 환자를 해한다는 것은 안타까운 일이다. 이후 환자안전에 대한 문제는 개인과 병원 간의 문제가 아닌 국가 차원에서 체계적인 시스템을 구축하고 있다. 환자 안전사건을 의료진에 의해 알게 되거나 발견할 경우 자율적으로 보고하도록 하여 원인을 분석하고 재발방지를 위해 노력하는 것 또한 중요하다.

내가 근무하는 병원에서도 안전사고 보고를 하고 있고 그룹웨어에 결과도 공유하고 있다. 환자안전보고 학습 시스템 포털(https://www.kops.or.kr/portal/)에 들어가 보면 2017년 전국의 병원에서 어떤 안전사건이 얼마나 일어났는지 쉽게 볼 수 있다. 사이트에 나와 있는 결과에 따르면, 다음과 같다.

보고된 4,427건 중 낙상(47.8%), 투약(29.0%), 기타*(8.1%), 검사(6.6%) 순으로 보고되었으며 병원 내 흡연, 환자 접수 오류, 자가 발관(기관삽관, 배액관, 유치도뇨관 등), 의료기관 내 시설로 인해 발생한 찰과상, 탈권, 폭력, 화상, 욕창, 원인미상의 골절 등 – 보고 초기부터 낙상 건이 다빈도로 보고되고 있다.

– 환자안전보고 학습 시스템 포털

병원에서 근무할 때 집중이 최선이다. 내 손으로 누군가를 살리기도 하고 내 부주의가 누군가를 해치기도 한다는 것은 정말 무서운 일이다. 그런 생각을 하면 그냥 시간 때우러 근무에 임한다는 안일함을 가지고 일할 순 없다. 간호사의 근무는 긴장의 연속이다. 어떤 포식자에 의해 당하지 않으려고 긴장을 늦추지 않는 초식동물의 마음이라고 할까. 언제 어디선가 어떤 사건이 어떻게 터질지 모르고 경계를 늦추거나 방심하면 잡아먹히는 일.

가끔 우리도 사람인지라 실수는 어디에선가 발생한다. 실수에 대한 책망은 필요하다고 본다. 그러나 가끔 맹목적인 불신을 가진 환자 앞에 나는 어떤 태도를 취해야 하는지 고민이 되기도 한다. 실수가 아닌데도.

새벽에 뜬금없이 한 환자가 화를 씩씩 내면서 간호사실로 나왔다.

"항생제 다 준거 맞아? 맞던 거 빼갔잖아!"

"네?"

"방금 뺀 주사 보여줘 봐. 피가 역류했는데 주다 말고 빼갔잖아!!"

새벽에 항생제를 놓고 빼간 후배 간호사에게 화가 나서 그는 소리를 질렀다. 후배 간호사는 폐기물 박스에서 항생제가 투여된 주사를 다시 건져 올렸다. 다 맞은 항생제를 주워 환자에게 보여주었다.

"난 못 믿어. 내가 그걸 어떻게 믿어!"

화를 가라앉히지 못하는 환자에게 나는 말했다.

"저는 간호사 믿어요. 간호사 못 믿으면 병원에 있지 못하죠. 우리 간호사들은 책임감을 가지고 일합니다.

항생제를 안 줘서 우리가 득이 될 게 뭐가 있겠어요!" 라고 말하자 그는 간호사들은 같은 편이겠지라며 나랑은 말이 안 통한다면서 그냥 병실로 들어가 버렸다.

간호사는 말 한마디와 믿음으로 먹고사는 직업이다. 그러나 긴장의 끈을 쥐고 완벽하게 일하려는 마음을 몰라주고 불신으로 우리에게 상처를 가하는 사람도 있다. 믿지 못하는 환자를 간호하는 건 참 어려운 일이다.

이렇게 나의 생각과 환자, 보호자의 생각이 다르면 수만 가지의 감정이 든다. 사람과의 관계에서 믿거나 말거나 해도 그 사람과 관계를 쉽게 끊으면 되지만 병원에서의 환자-간호사의 관계는 끊을 수 없다. 가끔 간호사를 믿지 못하는 환자를 보면 어떤 말로 나의 직업에 대한 신뢰를 쌓을 수 있을까 고민이 되기도 한다.

11. 겉과 속이 다른 환자

간호사 참 어렵다.

가끔 겉과 속이 다른 환자를 보면 어떤 방식이 옳은 건지 판단이 힘들 때도 있다.

밥을 입으로 먹고 잘 걸어 다니는 환자와 경관영양을 하고, 침상 생활을 하고 있는 환자의 연하조영검사를 하게 되었다. 잘 걸어 다녔지만 구조적 문제로 가끔 흡인이 되는 환자였다. 이 사람은 조심스럽게 입으로 식사를 하고 있었다. 그래서 연하조영검사가 필요했다. 연하조영검사는 삼킴 능력이 저하되어 있는 환자에게 객관적 자료가 될 수 있다. 요플레나 식혜에 조영제 섞은 검사 식이를 먹는 것으로 음식물이 입에서 식도를 거쳐 위로 넘어가는 과정을 관찰할 수 있다. 방사선촬영을 통해 말이다.

환자들은 입으로 음식을 씹는 것에 굉장한 의의를 가지곤 한다. 그래서 그 검사를 하는 화요일, 목요일이면 나는 환자들에게 작은 응원을 한다.

"잘하고 오세요!"

검사 자체는 어려운 검사가 아닌데 결과에 따라 본인의 식이가 달라지는 큰 검사이기 때문이다. 당연히 침상에서만 생활하는 그 비위관을 가진 환자가 실패할 줄 알았다. 그래서 점심 때 검사를 마치고 돌아오는 환자의 신속한 처치를 위해 다시 비위관 삽입을 위한 세트를 미리 챙겨놓았다.

검사실에서 전화 연락을 받았다. 입으로 죽을 먹어도 문제가 없다는 것이었다. 반면에 그동안 식사를 잘 먹었던 환자는 음식물이 흡인돼서 입으로 식사가 불가하다는 결론이 나왔다. 잘 먹고 있는 줄 알았고 걸어다니기도 해서 결과는 뻔할 거라 생각했는데 아니었다. 그 둘에게 식사운명은 하루아침에 뒤바뀌었다. 결과를 준 재활의학과 의사에게 둘이 바뀐 게 아니냐고 수십 번 물었지만 아니라고 했다. 검사 결과지도 의사가 말해주었던 그대로 들어와 있었다. 같은 병실에 있던 그 둘에게 검사 결과를 설명하며 식이에 대한 통보를 해줬을 때 난감했던 기억을 떠올린다.

겉과 속이 다른 환자. 그동안 입으로 먹지 못했던 환자는 환하게 웃으며 죽 한 그릇을 뚝딱했다. 그래서 가끔 겉으로 괜찮은 환자도 겉과 속이 다르진 않은지 한 번 더 보게 된다.

간호사는 그래서 어렵다.

Chapter 2

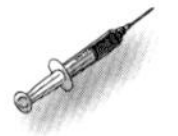

빨간약 할아버지와 원칙주의

1. "네"

간호사의 일은 체계적이나 주관적이기도 하다. 간호 수행에 있어서는 근거에 기반한 중재가 이루어지지만, 어떠한 면에서는 간호사의 임의적 판단에 의해서도 업무가 이루어지는 곳이다. 스스로 가래를 뱉지 못하고 기침조차 어려운 사람에게 흡인 간호는 정해진 횟수가 없다. 우리가 사정하고 자주, 빈번히라는 주관적 개념으로 이루어질 뿐이다.

또한 보호자나 환자를 수용해줄 때 정서적 지지를 해줘야 한다라고 책에는 나와 있지만 정서적 지지는 사람이기 때문에 사람마다 다를 수밖에 없는 게 사실이다. 같은 사람이라도 그 사람의 처한 상황이나 받아들이는 사람의 기분에 따라 다를 수 있다. 또한 바쁜 환경에서 내가 어떤 환자에게 한 번의 정서적 지지를 안 했다고 해서 누군가 나를 질책할 사람은 아무도 없다. 솔직히 말하면 병원의 간호사들에게는 정서적 지지는 필요 시 해도 되고 안 해도 되는 일이었다. 때때로 업무량이 넘쳐흐를 때 한 사람에게 집중적인 뭔가를 해주고 싶을 때 미안하기도 했다. 어제 후배 간호사에게 충격적인 얘기를 들었다.

"A라는 환자요. 간호사들이 얘기를 안 들어 줘서 이야기를 안 한다라고 어제 담당 의사한테 속삭이던데요?"

A는 파킨슨병으로 인한 근력 부족이 있었고, 성대 움직임의 범위가 정상에 비해 좁아 목소리가 작은 환자였다. 목소리가 작아서 글자판으로 의사소통하곤 했다. 항상 그렇듯, "괜찮으세요? 불편한 거 없어요?"라는 질문에 고개를 끄덕이는 A였다. 나와는 어느 정도 라포가 형성되었다고 나름 생각한 환자였다. 웃음에 웃음으로 대답하는 얼굴을 보고 그렇다고 혼자 생각했다.... 착각이었나 보다! 내 마음 한편엔 병원은 업무를 중심으로 이루어지는 곳이라 그렇다. 바쁘니까라고 말하며 합리화를 시키고 있었다. 괜찮다고 말했던 지난 시간들이 괜찮

지 않았다니.

간호사라면 환자가 원하는 요구를 들어주고, 본인의 질환에 의해 어떤 의사결정도 할 수 없을 때 선택의 기회를 제공하는 것도 간호사의 역할이다. 나는 그녀에게 '네'와 '아니오'란 대답의 선택을 준 그런 간호사였다. 그녀에게 뭔가를 바라지는 않았다. 그런데도 마음 한쪽 구석에는 의사니까 얘기했던 걸까?라는 서운한 감정이 들었다. 그녀에게 나는 그냥 '주사 놔주는 사람'이었구나라는 생각이 들었다.

그러고 나서 며칠 뒤, 나는 집에서 쉬고 나서 다시 근무를 하게 되었다. 여느 때와 같이 가래를 스스로 뱉지 못하는 A에게 흡인 간호를 했다. 그러고 나서 A를 쳐다봤는데 그녀는 내게 뭐라고 속삭이고 있었다. 나는 물었다.

"뭐라고요? 네? 네? 안 들려요! 다시! 다시!"

그녀는 울먹이며 내게 이렇게 말하고 있었다.

"죄송합니다… 죄송합니다… 고맙습니다… 고맙습니다."

그녀는 간호사인 내게 고마움을 느끼고 있던 환자였다. 나는 단지 누군가에게 전해 들은 얘기만으로 섣불리 환자에 대해 판단해버렸던 나와, 간호사로서 환자에 대해 이해심을 가지고 다가가지 못했던 나에게 스스로 물었다.

'니가 진짜 간호사가 맞니?'

2. 소변이 마려워

치매는 누구에게든 찾아온다.

『치매(dementia)란 단어는 박탈 또는 상실을 뜻하는 접두사 'de'와 정신을 의미하는 어근 'ment', 그리고 상태를 가리키는 접미사 'ia'의 합성어, 라틴어에 기원을 두고 있다. 치매는 '정신이 부재한 상태(out of mind)'를 일컫는 말이다.』

《디멘시아뉴스》

대릴 커닝엄의 《정신병동 이야기》란 책을 보면 치매가 어떤 것인지 쉽게 이해할 수 있다.

『치매 병동에는 자신이 병원에 있다는 사실을 모르는 환자가 많다. 치매가 정신을 장악하면 자신과 관련된 정보를 해석하고 그것을 현재 상황과 연결하는 능력을 상실하게 된다. 심지어 근무복을 입은 병원 직원들을 보면서도 상황을 전혀 판단하지 못하는 것이다. 많은 환자가 자신이 호텔이 와 있고 이제 집으로 돌아가리라고 믿는다. 자신이 지금 과거의 어느 한 시점에 있다고 믿는 치매 환자도 흔히 볼 수 있다. 그 시점은 까마득한 옛날일 수도 있고 어제일 수도 있다. 치매환자 중에는 어린 시절로 돌아간 사람도 흔히 볼 수 있다.

이런 환자에게는 항불안제와 진정제를 균형 있게 투약하는 것이 중요하다. 예전에는 다루기 어려운 환자에게 수면제를 줘서 재워버렸다고 한다. 그러나 이제는 환자의 삶의 질이 중요하다. 물론 그래서 병원 직원들의 일은 더 힘들어졌다. 치매병동에서는 환자의 배변을 처리하는 일도 간단하지 않다. 환자의 배변 후 뒤처리를 하는 것이 즐거울 수는 없지만 누군가는 해야 할 일이다.

남의 똥오줌 치우기는 하기 싫은 일이다. 하지만 이런 일도 간호사의 임무이고 이런 일이 싫다면 간호사가 되지 말아야 한다. 치매환자는 어린아이와 같다. 늘 곁에서 지켜봐야 한다. 한번은 그 스페인 남자가 배설물을 복도에 남겨두었다. 우리가 그 똥 덩이를 발견한 순간 이미 다른 환자 한 사람이 날쌔게 배설물을 낚아챘고 그는 그것을 초콜릿으로 알고 먹어치웠다.』

《정신병동 이야기》, 대릴 커닝엄, 이숲, 2013

이 글을 읽으며 똥을 먹은 사람을 생각하며 경악했다. 다행히도 나는 임상경험 동안 똥 먹은 사람을 본 적은 없다. 그러나 대소변 치우기는 간호사에게 늘상 있는 일이다. 자식의 똥을 치워본 사람은 있지만 부모의 똥을 치워본 사람들은 많지 않다. 이것이 내 일임을 알지만 가끔 안 해봤다고 말하며 병실 밖으로 나가버리는 보호자도 마주한다.

"간호사, 당신들이 할 일이지 그건."

어떤 선배 선생님은 보호자의 말에 시원하게 받아쳐서 얘기하기도 했다.

"우리 간호사들도 누군가의 귀중한 자식이에요. 배워서 똥을 치우는 사람은 없습니다. 보호자도 같이 해주셔야죠."

내가 일하는 곳은 노인이 많아 섬망 환자를 많이 본다. 엉뚱한 말을 하기도 하고, 팔을 물어뜯기도 하고, 침을 뱉기도 한다. 혈관 확보와 혈액 샘플 채취는 간호사에게 꼭 필요한 업무다. 우리는 그들을 아프게 하는 18년이다. 어제 나의 손을 맞잡은 그대, 착각하지 말라. 오늘 어제와 다른 그들을 만난다. 혈액채취를 하기 위해 보호자와 함께 이리저리 발버둥치는 환자를 제압했다. 그에게 나는 18년이 되어 있었다.

"18년! 18년! 18년! 18!"

라포가 어느 정도 형성되었다고 생각하지만 어제와 또 다른 오늘이다. 어느 순간 환자에게 다가갔을 때 나를 마치 처음 보는 사람처럼 대하기도 한다. 치매와 섬망은 다른 말이다. 섬망의 가장 흔한 잠재요인이 치매로,

치매환자의 섬망 위험률은 치매가 없는 환자의 2~3배이다. 암 환자의 뇌 전이에 의해서도 섬망이 발생한다. 섬망 환자를 보는 것은 어려운 일이다.

우리 병동에 입원하는 노인의 평균 나이가 80~90세 정도 된다(같은 병실에서도 60세는 항상 '막내'라 칭한다). 입원 전에는 안 그랬는데 병원에 입원하면서 지남력이 없어지고 가족을 못 알아보는 경우가 생긴다. 질환이나 요인에 의해 이런 증상이 나타나기도 하지만 이것이 해결되면 가역적으로 돌아오기도 한다. 그러나 환자와의 가장 많은 시간을 접촉하는 간호사에게 환자의 지남력이 온전히 돌아오기까지 과정은 블랙홀이다. 안정되기까지의 답은 없다. 이런 과정에서 18년과 강아지 같은 년은 쉽게 된다. 심한 욕을 뱉는 사람을 마주하게 되면 서운하다. 어제 환자와 하하 호호 했던 시간들이 순식간에 무색해진다.

그날도 치매로 인해 섬망 증상이 나타난 할머니를 만났다. 할머니는 폐렴으로 입원했다. 거동이 안 되었고,

치매도 있었다. 할머니는 입원해 있는 동안 종종 섬망이 있었다. 지남력도 없었고, 밤에 잠을 못 자고 두서없는 말을 하기도 했다. 간혹 가다 정맥주사를 빼기도 했다.

할머니는 매일 밤마다 소리를 질렀다. 그날따라 더 심하게! 이리저리 몸을 뒤척이며 난동을 부렸다. 발차기를 하기도 하고, 가지고 있던 산소 전달 장치, 모니터링 장비를 모두 빼버렸다. 그저 그 할머니가 치매여서 난동을 부린다고, 그렇다고 생각했다. 산소포화도가 낮아 의사에게 알렸지만 주사는 줄 수 없다고 했다. 할머니는 뭐라고 뭐라고 계속 웅얼웅얼거리고 있었다. 정확한 발음이 아니었기에 뭐라고 하는지 한참 듣고서야 알았다.

"소변이 마려워, 소변이 마려워."

라고.

하지만 할머니는 이미 소변줄을 가지고 있었다. 소변주머니에 소변도 어느 정도 나와 있는 상태였고. 나는 한참 동안 할머니의 말을 곱씹어 보았다. 할머니는 정말 소변이 마려운 것인가?

혹시나 하는 마음에… 혹시나…. 그리고 어쩌면 정말

소변줄이 불편할 수도 있다는 생각에 의사에게 알리고 소변줄을 교체해봤다. 그러자 소변이 500cc나 나왔다. 그날 할머니는 그저 소변줄이 불편한 것이었다.

간호사의 시선은 남달라야 한다. 그가 직접 되어 보지 못하기 때문에 이게 섬망 증상인지, 정말 불편함이 있는 것인지 판단하는 것도 간호사의 자질이다. 사람을 이해하고 의사소통이 어려운 사람을 만나면 어떤 수단을 동원해서라도 그들의 요구를 알아차려야만 한다.

진정으로 남을 이해해서 다가가는 것은 어떤 걸 두고 그렇다 말하는 것일까?

간호사라는 직업은 실무경력이 높아질수록 어떤 직관적인 판단에 의해 자연스럽게 업무가 이루어진다. 경력이 쌓이면 폭넓은 경험으로 복합적인 사고를 하기 때문에 대상자에게 양질의 간호를 할 수 있게 된다. '경험'에 의해서도 나의 업무가 이루어지는 것이다. 그렇다면 내가 간호사를 하면서 내 직관이 틀릴 수도 있다고 생각하는 것. 어쩌면 그가 맞고 내가 틀릴 수 있다는 사고를 하는 것. 그것 하나부터가 대상자를 이해하는 시작이 아닐까? 소변줄이 불편한 할머니가 치매라서 그런 것이라는 당연한 생각. 나는 그 할머니를 온전히 이해했던 간호사가 아니었다.

미안해요, 할머니!

3. 빨간약 할아버지와 원칙주의

때론 감정을 해치는 원칙들을 무시한 채 흔들리고 싶다. 그냥 편안히 살고 싶다. 당황하지 않고, 동요하지 않고, 편안하게 살고 싶다.

그러나 병원은 오늘의 정답이 내일의 정답이 될 수 없다. 이런 상황에서 나 혼자 안녕하자고 원칙들을 무시할 순 없다. 그렇게 하면 환자들을 위해 존재하는 집이 안녕하지 못하니까.

내가 하는 일은 항상 사람을 대하는 일이기에 절대적이고 불변하는 법칙과 같은 것이 아니다. 물잔이 달라지면 변하는 물같이 융통성 있게 컵에 담아야 한다. 잔은 달라지지만 물은 절대 변하지 않는 것. 이것이 간호사의 삶이다. 매일 흔들려도 당신을 위한, 당신만을 위한 직업이기 때문이다.

문득 빨간약 할아버지가 생각난다.

누군가 내게 신념에 맞지 않은 일을 부탁하면 난 단번에 거절한다. 왜 그렇게 해야 하는지 이해가 안 가서. 빨간약 할아버지는 그런 생각을 달리하게 해주었다. 그 환자는 여러 다른 질환이 섞여 있는 환자였다. 환자는 통풍이 있었다. 오른쪽 손 관절은 달걀 한 덩이가 더 붙어 있을 만큼 통통 부었다. 통풍이 있는 할아버지는 자다가 깨셔서는 손 관절이 너무 아파서 도저히 잠을 못 자겠다며 진통제 주사를 달라고 했다. 그 시간이 새벽 1시쯤이었다. 여느 때와 같이 의사에게 이 사실을 알렸고, 진통제를 처방받아 할아버지에게 진통제를 투여했다. 그런데 보호자인 할머니가 간호사실로 부랴부랴 나왔다. 나는 할머니에게 간호사실에 나온 이유를 물었다.

"파스 좀 줘."
"파스요? 파스? 왜요? 어디가 아프신대요?"
"너무 아프대. 파스를 붙이면 좀 어떨까 싶어."

끙끙 앓고 있던 할아버지가 안쓰러워서 옆에서 지켜

보는 게 힘들었단다. 10분도 지나지 않은 시간이었다. 할머니에게 시간이 얼마 안 됐으니 경과 좀 보자고 얘기했다. 그리고 나는 할아버지께 얘기하러 병실로 들어갔다. 진통제 효과가 나타날 때까지 할아버지께 기다리란 말을 했다. 그러자 갑자기 할아버지는 나에게 빨간약을 발라 달라고 말했다.

"엥? 왜요? 어디 다쳤어요?"

할아버지는 상처가 없었다. 할아버지는 손 관절에 빨간약이라도 발라주길 바랐다. 밤에 어려운 부탁이 아니기에 손 관절에 빨간약을 듬뿍 발라줬다. (빨간약 다들 뭔지 아시죠? 베타딘 액! 소독액이요!)

그날 밤 할아버지는 아프단 말 한마디 없이 잘 주무셨다. 빨간 손을 가지고 말이다. 그러나 다음 날 아침에 이불은 베타딘의 흔적들로 채워져 있었다.

정답은 없다. 내가 하는 일이 사람을 대하는 일이기에. 병원에서는 원칙이 꼭 필요하지만 어떤 잣대에 따라 원리 원칙적인 것과 아닌 것을 구별할 수 있는 분별력이 필요하다. 간호사에게도 필요한 것이 이런 게 아닌가 싶다.

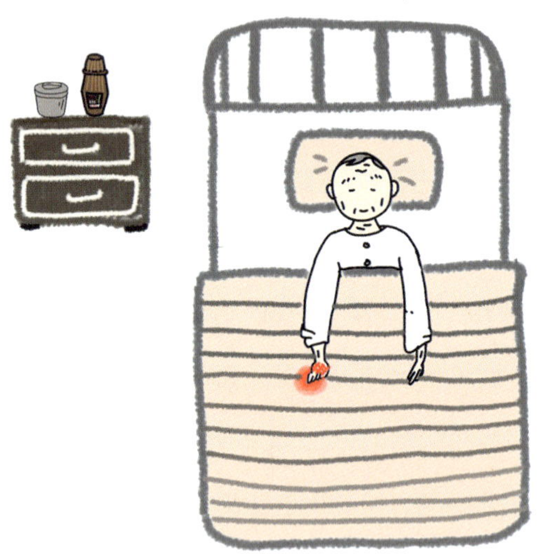

그러나, 원칙대로 했음에도 불구하고 답답한 상황을 많이 겪는다. 원칙대로 했음에도 불구하고 욕을 먹는 상황 말이다.

환자 병문안을 찾아온 사람들이 간호사실로 우르르 몰려온다. 정보보호 때문에 병실 조회는 안내데스크를 통해서만 가능하다. 그런데도 모든 사람이 간호사실에 와서 환자를 찾는다. 알려줄 수 없다고 이유를 설명하며 안내데스크로 안내한다. 환자를 찾아온 보호자들은 그게 뭐라고 그런 것을 왜 못 알려주냐고 말한다. 나에게 화도 낸다. 그때는 당황스럽기 그지없다.

나 또한 연로한 노인이 와서 물어볼 때면 알려주고 싶은 마음이 굴뚝같다. 한 발자국 한 발자국 걷는 것이 천금을 얹은 무게로 디딜 때마다 무게감이 느껴져서. 그런 힘듦을 이해하기에. 그런데 안타깝게도 그럴 수는 없다. 원칙이 벗어나는 순간 일은 걷잡을 수 없는 방향으로 흘러가기 때문이다.

원칙대로 했음에도 불구하고, 우리는 본인들이 원하는 것을 안 해줬다는 이유만으로 모르는 사람들에게 한 마디씩 듣는다. 원칙이 있음에도 불구하고 사람들은 그들만의 원칙들로 우리를 당황하게 한다. 자신의 기준에 맞지 않으면 모진 말로 우리 마음에 상처를 준다. 그럴 때면, 정말 당황스럽다. 허탈감도 느낀다. 물론 세상살이 FM대로만 살면 피곤하다. 그렇지만 공정하지 않은 원칙들이 존재하면 환자를 돌보는 안전의 틀은 무너지고, 우리의 삶도 무너질 것이다.

병원은 사람의 생명을 대하는 곳이기에 근거가 있어야 하고 원칙이 존재해야 한다. 그러나 원칙을 원하지 않는 사람들이 존재한다. 만약 이런 원칙들이 하나하나 어긋나기 시작하면 오히려 더 큰 안 좋은 결과를 가져오는 것이 이곳 병원에서의 삶이다. 원칙이 하나씩 무너지기 시작하면 우리가 환자를 차별하는 간호를 시작한 것이라고 할 수 있다. 국적에 따라 더 친절하게 간호하기, 높은 지위를 가진 사람을 잘 봐주기, 아는 사람을 더 성심껏 간호하기, 지인들에게만 친절하기 등. 이런 행위가 난무할 것이다. 또한, 귀찮으니까 일련의 과정을 무시하면 병원에서 인간다운 삶은 어디에도 없을 것이다. 이런 불평등한 상황이 오지 않길 바라면서도 사람들은 원리원칙들이 깨지기를 바라기도 한다. 그게 자신에게 유리한 쪽일 때만 말이다.

건물을 지을 때 원칙이 깨지는 순간을 상상해 보라. 빨리 짓기 위해서 일련의 과정을 무시한다면? 원칙을 어긴다면? 그 일은 나중에 감당하기 어렵게 될 것이다. 앞으로 각자 살아갈 건물을 지을 때, 어떤 기준으로 어떤 것을 가장 중요하게 여길 것인지 생각해 보았는가?

병원에서의 원리원칙은 각자의 집을 위해서 차곡차곡 쌓는 과정이고 병원은 개인의 안위와 건강, 안녕을 위해 존재하는 집이다. 견고하지 않으면 나 또한 흔들릴 수 있다. 그래서 이런 고민을 많이 했다. 일을 원칙대로 하고 있는데 나는 왜 모르는 사람들에게 싫은 소리를 들어야 하나? 왜 바른 일을 하고도 힘들어야만 하는지? 그리고 이렇게 많은 사람에게 공격당해야 하나? 하고 말이다. 약간의 절차만 무시하면 나는 편안히 살 수 있을 텐데... 당황스러운 감정도 없을 텐데... 고민도 없을 텐데... 모르는 사람들로부터 상처를 안 받아도 되는데....

때론 편하게 알려줄 것을 알려주어서 이런 싫은 감정들을 미봉책으로 처리해 버리고 싶었다. 그랬다면 정신

건강도 안녕할 거란 생각도 해본다. 그렇지만 병원에서는 융통성이 아니라 원리원칙이 필요하다.

4. 정맥주사

이 세상에서 나에게 무조건적인 베풂을 줘야만 하는 사람은 없다. 그런 의무를 진 사람은 존재하지 않는다. 그리고 누군가 나를 위해 무수히 많은 것을 주지 않았다는 이유로 상대방을 욕할 이유는 없다. 하지만 간호사라는 직업은 예외다. 우린 당신들을 위해 무언가를 베풀어야 하고, 당신들에게 애써주지 않았다는 이유로 비난받고 원망을 받는다.

간호사실에 종종 약을 달라고 찾아오는 보호자가 있다. 그날도 한 보호자가 간호사실에 나와 내게 약을 달라고 했다. 머리가 아프다고 약을 하나 줄 수 없냐고 내게 물었다. 아파 보였다. 나도 뭔가를 해주고 싶었다. 그렇지만 간호사기 때문에 약을 줄 수 없다고 말했다. 그 보호자는 이전에 부정맥 때문에 쓰러졌다고 이야기를 전해 들었었다. 보호자를 의자에 앉히고 혈압을 쟀다. 그리고 응급실에 데려다주겠다고 했다. 보호자는 응급실에 안 가도 된다고 말했다. 그렇게 그 일은 끝난 줄 알았다.

그런데 다음날, 나는 수 선생님에게 불려갔다.

보호자가 수 선생님과 상담 신청을 했다고... 내 이야기를 했단다. 수 선생님은 나의 태도 문제라 했다. 그 말을 듣고 나는 분을 참지 못했다. 마땅히 내가 할 수 있는 범위에서 해준 일이었는데... 억울하다고 말했다. 할 수 있는 범위의 일은 다 했다고 말했다. 억울해 하는 내게 수 선생님은 간호사가 약을 줄 수 없는 이유에 대해서는 보호자에게 확실히 얘기했다고 나에게 말해주었다.

태도의 문제. 그건 태도가 아니라 약 한 알 때문이었을 거라는 씁쓸한 생각도 해봤다. 우리의 직업에 대해 누군가는 법의 테두리 밖의 일, 맹목적인 친절을 바라기도 한다. 세상이 우리에게 바라는 이미지는 안에서도 밖에서도 타인을 위해 존재하는 사람이다.

당신을 위한,

당신의 삶을 위한,

당신의 안녕함을 위해 존재하는 간호사이기 때문이다.

해를 역행하며 깨어있는 것만으로 힘든 밤 근무. 밤 근무자는 더 오랜 시간을 일한다. 환자에게는 잠으로 몸이 느슨해지는 밤이지만, 간호사의 밤은 온 신경을 집중해서 일해야 하는 시간이다. 거의 12시간 일하는 간호사들의 힘듦을 누구보다 알기에 간호사끼리는 얼른 교대를 해주는 것이 서로 간의 배려다. 그런데도 퇴근을 하라고 하면 하나라도 더 일을 해주고 가려는, 우린 정말 이상한 집단이다.

아침에 나이트 번이 다음 근무자를 위해 정맥주사를 놓고 가려고 했다. 정맥 주사에 매달리고 있는 나이트 간호사의 퇴근을 위해 내가 정맥주사를 놓겠다고 말했다. 그리고 그녀는 마지못해 퇴근했다. 나는 환자에게 다가

갔다. 그리고 정맥주사를 시도했다. 그러나 안타깝게도 한 번 실패를 했다.

간호사에게 있어서 정맥주사는 환자에게 심어질 수 있는 신뢰도의 기준이 될 수 있다. 우리를 보는 그들의 인식은 '간호사 = 주사 놓는 사람'이다. 이렇게만 여겨질 정도인데 그들 눈에는 그 간호사가 주사를 잘 놓느냐 못 놓느냐는 연차 그리고 일을 하는 능력에 상관이 없다. 그냥 정맥주사를 한 번에 성공하는 간호사가 제일 일 잘하는 간호사다. 이런 성급한 일반화의 오류가 있음에도 그게 제일 중요한 일이다.

그런 중요한 일을 나는 한 번 실패했다. 그리고 다른 혈관을 찾기 시작했다. 그때 환자는 내게 말을 했다.

"그러게 왜 전 근무자들을 보냈냐?"

"네? 간호사도 퇴근해야지요. 힘들게 일했잖아요!"

"내가 우선이지. 힘든 간호사가 우선이냐? 여럿이 혈관 잡으면 금방 하잖아! 왜 보낸 거야 대체."

차라리 내게 다른 간호사를 불러오라고 말했거나 그냥 모진 소리를 했으면 그렇다라고 생각했을 거다. 물론 맞다. 우린 당신을 위해 일하는 특별한 사람들이니까. 그러나 이 말이 너무나 슬펐다. 그래 이 사람은 물론 정맥주사에 실패했기 때문에 화가 나서 에둘러 이렇게 표현한 것일 수 있다. 그런데 자신을 위해 더 있어야 한다라는 말, 잠 한숨 못 자며 남을 위해 일해도 오로지 아픈 사람만을 위해 일해야 한다는 사실을 직관하니 헛헛해졌다.

사람들이 생각하는 간호사라는 직업은 생각했던 것보다 더 많은 희생을 요구하고 있었음을, 그런 직업이었음을.... 물론 간호사라면 환자가 아프기 때문에 이기적일 수밖에 없는 것이 당연하다 생각해야 한다. 그러나 머리로는 이해되지만 마음으로는 이해가 안 됐다. 그날, 흥분을 잠재우지 못했다.

일반인들의 입장에선 내가 정말 이상한 간호사일 것이다. 다른 사람들이 병원에서 있었던 일을 내게 말해줄 때면 정맥주사에 대한 얘기를 빼놓지 않는다. 정말 아파서 병원에 갔는데 주사를 4번이나 실패해 버리면 자기는 정말 화가 나게 되더라고 그리고 다음에 다른 간호사가 왔는데 한 번에 성공하는 걸 보고 더 화가 났다고 들은 적이 있다. 아픈 사람인데 진즉에 한 번에 하고 가지 왜 여러 번 주사를 찌르냐고 말이다. 그의 입장도 잠깐 이해가 되었지만 오늘 내가 느낀 감정은 슬픔이었다.

간호사는 정말 당신만을 위해 존재하는 사람이라는 생각이 들었다. 하라면 하라는 대로, 가라면 가고 가지 말라고 하면 가선 안 되는 그런 직업이었구나라는 이상한 생각이 꼬리를 물게 되었다.

5. 시선처리

간호사는 따가운 시선을 감내해야 하는 일이다. 일을 하면서 환자, 보호자, 의사, 다른 병원 직원에게 따뜻함을 기대해서는 안 된다. 그들이 이런 시선을 보낼 때는, '간호사'로서 기대하는 역할을 하지 못했을 때다.

간호사는 어떠한 상황에 놓이더라도 따가운 시선을 Cool-하게 받아들이는 이해심이 있어야 한다. 환자의 필요한 요구를 받아줘야 한다. 그러나 나는 Cool-하게 받아들이지 못한, 간호사였다.

간호사에게 본인을 더 봐달라고 하는 환자들도 있지만, 때론 환자들끼리 서로에게 더 이기적인 순간도 많다. 병원이 아픈 사람이 오는 곳임에도 불구하고 환자들의 생각은 각자 본인들 위주로 돌아가기 때문이다. 이럴 때면 서로에게 너무 잔혹하고 안타깝다. 특히나 환자의 상태가 시시각각 변하기 쉽고 생과 고군분투하는 시간이 더 많은 밤 시간에는 더욱.

그날도 한 명이 자신의 생과 고군분투했다. 여러 명의 간호사가 병실에 왔다 갔다 했다. 안 좋은 환자의 의식 변화를 관찰하기 위해서 여러 번 병실을 들락날락했다. 다행히도 그 환자는 밤을 버텼다. 다음날 아침, 나는 수면양상 및 전반적인 환자 상태를 보기 위해 병실 라운딩을 돌았다. 안 좋았던 환자도 밤에 무슨 일이 있었냐는 듯 안정을 되찾았다. 그런데 갑자기 옆에 있었던 환자가 잠을 못 잤다고 내게 하소연을 했다. 아픈 사람 때문에, 기계 소음 때문에 잠을 잘 수가 없었다고 내게 말했다.

"밤새 불을 켜놓고 왔다 갔다 하고 시끄럽게 하는데 내가 어떻게 잠을 자냐! 왜 그렇게 숨을 헐떡거리는 거야? 중환자는 다른 병실로 가야지! 왜 여기 있는 거야!"

그는 큰소리로 얘기했다. 첫 번째 화살이 밤새 아팠던 환자에게로 향했다. 목숨이 위태로운 사람보다 자신이 잠 못 잔 일이 더 큰 사람이었다. 그 환자도 아프기 때문에 당연하다 생각해야 했다. 하지만 속으로 나는 이런 생각이 들었다.

'누구나 다 아플 수 있는데 너무하시네.'

밤새 자신의 삶과 씨름했던 그 지친 환자, 본인 때문에 다른 사람이 잠을 못 잤다고 큰 소리로 얘기하는데 그는 어떤 기분이 들었을까? 그 입장이라면 어떤 마음이 들까? 스스로 아픈 것을 탓할까? 이런 사람에게 어떤 말을 해줘야 하고, 이 옆 사람에겐 어떤 말을 해야 모든 사람을 다 이해하며 간호를 했다고 하는 걸까?

아직도 정답을 모르겠다.

그냥 문제가 되지 않게 조용히 시간이 흘러가길 바라는 마음을 가졌던 이런 사건들을 생각해본다. 경험이 많지 않아서 그들을 모두 수용하지 못한 것은 부족함 때문일까? 그런 오늘, 참 무능하다고 느꼈다.

6. 딜레마

환자의 임종을 지키는 것은, 보호자에게 크나큰 고통을 준다. 몸부림치며 아파하는 환자를 보는 것 자체만으로도 고통스러우니까. 그래서 환자가 너무 아파보이면 보호자는 편안하게 돌아가시길 원한다. 그러나 그렇게 할 수 없다. 문제가 많은 윤리적 딜레마다. 병원에서 쓰는 안정제를 보호자가 원한다고 무조건 줄 수만은 없다. 안정제를 쓰면 호흡이 억제되기 때문이고, 사람의 생명을 약물로 끝낼 수는 없기에, 마음대로 해서는 안 되는 상황이다. 그러나 보호자는 환자의 마지막이 고통스럽지 않길 원한다. 조금만 뒤척여도 조금만 움직여도 아픈 것을 바라보는 보호자 입장에서는 그럴 수밖에 없다.

간호사를 하면서 무수히 많은 고민과 감정들을 가진다. 뭐가 옳은지 알려주는 사람은 없다. 그저 최선의 선택을 해야 하는 도덕적 의무만 있을 뿐. 그래서 어려움이 따르는 일이다. 우리의 일은 항상 정답은 없고 항상 최선의 선택을 해야 한다. 도대체 뭐가 옳은 건지, 내 판단이 맞는 것인지, 고민이 꼬리에 꼬리를 문다.

침상에서만 생활하는 환자가 폐렴으로 입원했다. 기관절개관을 가지고 있었고 산소를 흡입하고 있었다. 처음에는 환자 상태가 좋지 않았다. 그래서 산소포화도 관찰을 위해 모니터 기계를 해주었다. 시간이 지나고 환자 상태가 많이 좋아지게 되었다. 환자에게 부착되었던 장비들이 하나씩 없어지기 시작했다. 환자 상태가 호전됨에 따라 산소 처방과 모니터 기계를 더 이상 안 해도 된다는 의사의 말을 들었다. 우리 간호사들은 스스로 가래를 내뱉지 못해 흡인 간호를 자주 시행해야 하는 그 환자에게, 상태를 주의 깊게 보기 위해서 며칠간만 더 해주자고 말했다. 침상에서만 생활하는 환자였기에 혹시라도 산소수치가 떨어질까 봐 불안해서.

그러던 중 같은 병실에 있던 다른 환자 상태가 갑자기 안 좋아졌다. 상태가 악화된 환자에게 급하게 모니터링을 해주어야 했는데 안타깝게도 우리 병동에 있는 기계는 이미 다 사용중이었다. 다른 병동에도 연락해보았다. 역시 모니터링을 해줄 수 있는 기계는 없었다. 그래서 생각해 봤다. 상대적으로 안정적인 환자의 기계를 빼야겠다고. 안정적인 환자보다 더 급한 환자에게 적용하는 게 좋을 것 같아 기관절개관을 가진, 그 환자의 모니터링 기계를 뺐다.

그러던 찰나에 보호자가 노발대발하며 간호사실로 나왔다.

"뭐 하자는 거야? 왜 중환자 기계를 뺏어가냐!"

크게 화를 냈다.

이에 우리는 상황을 설명했지만 그 보호자의 화는 수그러들지 않았다.

"그렇게 필요 없는 거였다면 진즉에 가져가지 왜 해줬냐!!"

어쩔 수 없이 다시 기계를 돌려주었다. 그리고 다른 환자의 기계를 찾을 수밖에 없었다. 당황스러웠다. 환자를 더 잘 보고자 했던 것이 오히려 독이 되어 돌아왔다. 그냥 의사의 말에 따라 바로 그 기계를 빼어버렸더라면 이런 얘기가 안 나왔을텐데 말이다.

물품은 항상 필요한 만큼 있는 것은 아니다. 원하는 시간에 있는 것도 아니다. 그러나 물품의 적용에 있어서도 윤리적 문제가 발생한다. 정의의 원칙에 따라 응급환자에게 우선적으로 배분해야 하는가? 아니면 환자를 더 잘 보기 위한 마음을 우선시할 것인가? 불안했던 환자를 더 잘 보기 위해 이타적인 마음을 가졌던 선행의 원칙과 정의의 원칙이 충돌하는 상황이 왔다. 상황에 대한 설명 없이 응급상황이라는 이유만으로 기계를 빼앗아 간 것이 보호자의 기분을 상하게 했던 것일까? 꼭 응급상황에서뿐만 아니라 다른 상황들을 둘러보고 포괄적으로 이해해야만 할까? 뭐가 옳은 것일까? 뭐가 옳은지에 대한 끊임없는 질문을 했다. 그러나 이런 질문을 이어가더라도 모든 사람에게 최선의 결과를 보여주어야 하는 게 간호사 의무이다.

7. 이상과 현실

신념과 임상 수치 사이의 딜레마.

삶의 의미에 대해서 누구나 생각한다. 10년이 넘게 침대에서 병상 생활을 하는 환자와 일상생활을 하다가 집에 오는 길에 갑자기 심근경색으로 죽은 사람. 누군가는 생명 자체에 존엄함이 있다고 하나, 나에게 이 둘의 삶 중에 선택하라고 하면 후자를 선택할 것 같다. 고통받지 않고 안녕히 가길 바라는 마음으로.

누구나 다 각각의 삶과 죽음에 대한 신념이 있다. 하지만 죽음의 순간엔 모두 아름답고 고귀하게 가길 원한다. 의료진으로서 생명은 그 자체로 존엄함이 있다. 그래서 의료진에겐 어떠한 것보다 생명이 우선순위에 놓인다. 나 또한 생명이 존엄하고 제일 우선순위에 두어야 한다고 말하는 간호사지만, 그러나 반대로 내가 병원에 있는 환자의 입장이라면, 소생 불가능한 상태에서 무의미한 삶은 선택하지 않을 것 같다. 지금도 동료간호사들에게

"나는 아프면 산에 들어갈 거야!"라고 말하며, "연명치료 중단을 할 거야! 난 저렇게 몸부림치며 힘든 게 싫어!" 라고 말하기도 하니까. 가끔 병원에 입원하는 환자 중에는 생명을 잡고서도, "나를 죽게 내버려 두지 왜 살렸느냐."라고 원망하는 사람도 있기에, 정말 생명은 심장의 박동으로만 움직이는 게 전부는 아닐거란 생각이 든다.

각각 자신이 믿는 의미, 신념, 가치는 사람마다 다르다. 간호사라면 환자의 개인 신념과 종교를 존중해야 하지만 때론 환자의 활력징후가 흔들리는데도 맹목적으로 그의 종교를 먼저 존중할 순 없다. 그러나 매번 고민은 된다. 병원이니까 물론 임상 수치가 우선이어야겠지만 내가 환자의 입장이라면 내 신념이 존중되길 바랄 것이다.

그날도 생명이 우선인 날이었다. 나는 병원에서 일하는 간호사이기 때문에.

한 신부님이 병실 라운딩을 돌며 환자들을 위해 기도하러 다니셨다. 신부님이 환자를 위해 기도하는데 갑작

스런 알람 소리에 내 시선이 환자를 향했다. 신부님은 평온하게 하던 기도를 마저 이어가고 있었다. 모니터에 산소포화도를 표시하는 숫자는 점점 떨어지고 있었다. 88%, 87%, 86%.... 환자는 호흡을 헐떡이고 있었다. 기도가 멈추기까지 바라만 볼 수 없었다. 기도 중간에 환자 옆에 있는 신부님께 "비키세요! 비켜요! 지금 중요한 게 기도가 아닙니다!" 그 순간 긴급한 처치로 환자의 산소 포화도는 안정화되었다.

보호자, 환자의 종교, 믿음과 맞바꾼 임상 수치였다. 의료진의 입장에선 당연한 얘기이다. 그러나 그 기도는 누군가에겐 중요한 일이었을 것이다. 그가 살아온 과정에 대해서 알지 못하는 내가 그들의 신념이 아니라 내 방식대로, 내가 가진 직업관으로 우선순위를 두는 것이 환자 개개인이 갖는 종교보다 생명이 우선인지는 고민이 되는 문제다.

8. 울음 근육 키우기

일에 대한 익숙함으로 감정이 점점 무뎌지고 있을 때 문득 지난날의 감정을 생각해본다. 그때, 나는 감정만 충실했던 그런 간호사였다. 전 병원에서 근무했을 때 호스피스를 위해 찾아온 사람이 문득 생각난다. 1살이 안 된 아이와 온 가족이었다. 그 가족을 지금까지도 기억에 두고 있는 것을 보면 그때 감정이 덜 익어서 그랬나 보다. 그래서 더 깊이 패어 있나 보다.

환자는 아빠였다. 그는 이미 가망 없는 선고를 듣고 호스피스 케어를 위해 우리 병동을 찾아왔다. 그를 보는 아내 또한 지쳐, 무기력한 눈길로 어딘가를 의미 없이 쳐다볼 뿐이었다. 초점 없는 눈빛에서도 그 잔상은 깊이가 있었다. 할머니는 아이를 안고 있었다. 그 가족의 사랑과 관심이 온통 1살 아이에게 있어야 할 것인데 이미 지칠 대로 지친 아빠와 그의 곁을 지키는 엄마에게 아이는 우선순위에서 멀어져 있었다. 병이 드리워진 상태의 환자에겐 말 한마디조차 버겁고 자신의 아이조차 볼 여력이 없는 것이었다. 그 아기는 항상 할머니의 등에 업혀서 병실 밖을 배회했다. 감염에 취약한 아이가 병원에 있다는 것이 마음이 아팠고, 한참 재롱을 부리고 사랑을 받을 시기에 엄마 아빠 품이 아닌 할머니 등에 묵묵히 업혀 있는 아이가 안타까워 매번 감정은 출렁였다. 그 아이의 앞으로의 삶과 남겨진 가족의 일상, 그리고 누워있는 아빠는 어떤 생각을 할까, 이런 생각들이 내 머릿속을 맴돌았다. 결국, 아이와 엄마, 할머니, 그리고 아빠는 함께 있으면서도 각자 다른 세상에 머무는 듯했다.

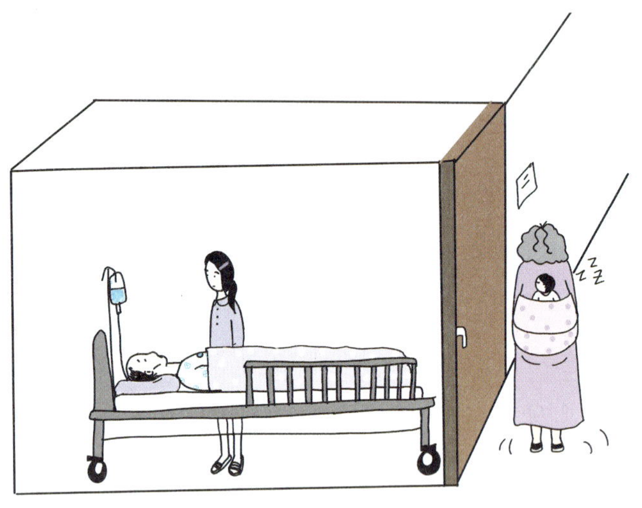

그 가족을 보고 그저 안타까운 마음만을 느꼈던 것 같다. 마땅히 그들을 위해 해야 할 일들이 존재했음에도 불구하고 그냥 내 감정만을 봤던 시절이 있었다. '아, 불쌍하다. 아기 어쩌지? 아, 아기 크면 어떡해. 진짜 불쌍하다.'라고 생각하며 연민의 감정만 일렁였던 간호사.

익숙하지 않은 일을 했을 때 그때를 돌이켜보면 많은 감정이 요동쳤다. 잠재울 수 없었던 생각의 생각들은 감정을 누르기에 충분히 성숙하지 못했고, 내게 너무나 버거운 일이었다. 요동치는 감정을 어떻게 해야 할지에 대해서는 아무도 가르쳐주지 않았다. 그런 숙제를 해결하는 것은 자신의 몫이었다. 간호사 이전의 삶은 가르침을 받고 살아왔기에 감정 해결을 혼자 해간다는 것은 더욱 더 어려운 일이었다. 때론 술로 그 감정을 잊기도 하고, 집에서 끙끙거리며 앓기도 하며 눈물을 떨구며 잠들었던 밤도 여러 날이었다. 한동안은 잊었지만, 그 상처는 계속 남아 언젠가부터 내 감정은 남에게 돌려야 풀어지는 그런 이상한 사람이 되어 있었다.

간호사는 감정적이면 안 된다라는 말을 듣는다. 아픈 환자를 보고 안타까워할 수도 마냥 슬퍼만 할 수도 없다. 그런데도 나는 신규 때 참 울음이 많았다. 해야 할 일들이 쌓일 때 벅차서 답답해서 울었고, 선배한테 곧은 소리를 들어서도 울었고, 일을 못 하는 것 같아 울었다. 밤에 환자가 안 좋아도 내 탓 같아서 울었다. 또 환자나 보호자에게 쓴 소리를 듣고 나면 그게 또 서러워서 엉엉 울었다. 그리고 그 울음의 순간들은, 어느날 자는 줄 알았던 할머니가 내 엉덩이를 토닥토닥 해줬을 때 그친 적도 있고, 그만 좀 울라고 선배의 엄한 말을 들었을 때 '아 여기서 더 울면 더 혼나겠구나.' 하고 두려움에 비굴하게 그치기도 했고, 날이 참 밝다고 생각했는데 누군가는 밝지 않고 울 일이 있다고 하는 병원 직원의 말 때문에 멈추게 되기도 했다. 그리고 단계를 올라갈 때마다 눈물은 점점 줄어들게 되었다.

나는 이직을 했다. 그리고 다시 병원에 들어갔을 때 이런 질문을 받았다.

"그 병원 괜찮아?"

나는 이렇게 대답했다.

"울음 근육을 키운 건지 같은 일을 반복해서 그 감정이 무뎌진 것인지는 알 수 없어요."

그리고 어떤 일도 일어나지 않을 것 같았던 보통날, 흡인 간호를 하며 건치 할머니에게 손가락이 물려 아파서 울었다. 단지 고통때문에 말이다. 그렇게 나는 단계가 올라갈 때마다 울 일은 줄어들게 되었다. 너무 아파서 한밤중인데도 소리를 지르면서 울었는데 손가락엔 내 눈에만 보이는 작은 치아의 흔적만 보였기에 그 뒤엔 물론 민망함이 밀려왔지만 엄청난 통각임엔 틀림없는 사건이었다.

격렬하게 요동쳤던 신규 때의 감정이 인간적이고 간호사다운 것인지, 임종 환자를 보내고 아무런 감정을 못 느끼며 무딘 감정을 갖는 것이 진정으로 간호사다운 것인지 나는 모른다. 그냥 그렇게 일이 익숙해짐에 따라 처음, 신규 때보다는 파도가 덜 출렁이고 있다. 그렇게 울음 근육도 키워지고 있다.

9. 무감정인가? 출렁여도 되는 것일까?

2017년에 나와 함께한 많은 사람이 떠나갔다. 그리고 앞으로도 이별은 당연한 것이지만, 거기에 지녀야 할 감정은 무감정인가? 아니면 그들의 충만한 삶을 이해함으로써 나오는 감정들은 허락되는 것일까?

어쨌든 잊지 말아야 할 것은 항상 그들도 충만한 삶을 살았다는 것이다. 누군가에겐 사랑하는 가족이자 친구이자 사회의 일원이었을 것이고, 나와 같이 희로애락을 느끼는 사람이었음을 기억해야 한다 – 비록 나는 그것을 보지 못한 간호사였지만....

우리가 이름을 부를 때 그 이름과 함께 그 사람의 이미지나 성격 등이 연상되는 건 당연한 일이다. 그런데 언젠가부터 이 환자 어떤 사람이야?라고 질문을 받으면 검사명과 진단명을 먼저 파악한다. 그들도 그들의 각각의 삶과 가족 그리고 각자 살아온 인생이 있을 것이다. 그런데도 그 사람을 진단명, 몇 호실 어떤 검사한 사람, 어제 이런 증상이 있었던 사람이라고 하면서 그 사람에 대한 정보를 얻을 때가 많다. 그러나 이건 목적 전도이다. 무릇 간호사라면 온전히 그를 인간으로 충만한 인생을 살았던 사람이라 여겨야 한다. 그러나 일로서만 그들을 대했던 나를 돌아본다. 그런 생각들은 문득, 무심코 리모컨을 돌리다 보게 된 한 프로그램으로 인해 출렁였다. 그 프로그램을 보고 마음이 쿡쿡 쑤셨다. 나는 병원과 관련된 프로그램을 보지 않는데 그날따라 그 사연이 너무 궁금해서 멈추게 되었다.

제목은《두 엄마, KBS 스페셜》다큐멘터리.

암 환자인 젊은 엄마들의 이야기였다. 항상 많은 사람을 대하지만 오늘 TV로 봤던 엄마들의 삶은 내가 마주하던 환자들과 다른 사람인 것처럼 느껴졌다. 나는 TV를 보는 내내 펑펑 울었다. 그들은 결국 암의 진행을 막지 못하고 하늘나라로 갔다.

그들이 암이라는 병에 맞서며 살았던 삶 자체는 충만했고 누구보다 치열했다. 그들이 암을 극복하고 자신의 가족과 함께하는 상상을 해보고 밝은 미래에 대해 카메라를 보며 얘기했다. 밝고 건강한 모습으로 살 수 있을 거라는 희망을 품으며 말이다. 그들의 말에 귀 기울이니 그것들은 단지 우리가 그냥 아무렇지 않게 누리는 그런 평범한 삶에 대한 기대였다. 아이의 성장을 보고 싶어 하는 엄마의 마음. 다른 욕심을 포기하고도 딸들의 입학과 대학교 진학, 딸의 결혼, 딸과의 연애상담 등 그런 소소한 일상을 함께하고 싶어 하는 사람들이었다. 나는 왜 일터에서 그런 사람을 보지 못했는가?

일터에서 봤던 사람들을 생각해본다. 한 부부는 그저 괜찮을 거라는 희망을 품고 뱃속의 아이와 함께 병동에 찾아왔다. 흔하고 흔한 사연이지만 제일 안타깝고 해줄 게 없었지만 마음만은 주고픈 생각이 들었다. 뱃속의 아이가 우선인지 산모가 우선인지 정말 고민이 되지만 부모는 아이를 낳았고 아내는 폐암을 진단받아 항암치료와 방사선치료를 시작했다. 아이 사진과 함께 입퇴원을 반복했던 그 엄마에게 안타깝게도 암은 다른 기관으로 전이되었고 행복해 보이는 그들의 모습을 질투라도 한 듯 가위는 그들의 일상을 도려냈다. 아픈 통증을 견디며 입퇴원을 반복하다가 내가 출근하기 전 안타까운 순간을 맞이했다고 얘기를 전해 들었다. 아이가 첫돌이 되기 전에....

평소 근무했을 때 그분은 매번 필요한 것을 물을 때나 불편사항을 물으면 괜찮다고 우리를 가라고 했었는데 그날따라 간호사 호출 벨을 수십 번 눌렀다. 몸이 많이 안 좋아져서 그런지 수십 번의 요구 사항과 불만의 감정을 표출했다. 한편으로 아픈 사람들이 많은 것을 요구하면 그런 마음이 들지 말아야 했는데 바쁜 일 때문이란 핑계 속에 마음속에 못된 생각을 품을 때가 많았다. "제발 그만 좀 불러 주세요. 제발!" 죽음과 가까이 있는 그들의 요구는 정당한 것이라 여겨야 함에도, 틀림없다고 여겨야 함에도 그날 생각대로 되지 않았다.

그 사람은 그저 안타까운 사람이라는 연민의 감정, 하지만 내가 하는 지금 바쁜 일에 대한 답답함... 그래서 결국 모든 시선을 내게만 맞추는 나. 이렇게 또 한 번 본

분을 놓치고 만 나였다. 그러나 모든 시선을 그들에게로 맞춰야 했고 그들의 요구하는 것은 정당한 것으로 생각하기로 했는데 나는 또 TV에서 본 두 엄마와 이곳에서의 엄마를 다른 사람처럼 대했다. 그녀의 삶을 보지 않은 것이었다.

근무를 쉴 때는 누군가의 죽음들은 그냥 죽음이란 일로 끝날 뿐이었다. 그리고 그 이후엔 이름은 생각나지 않았다. 하도 많아서 덤덤하다고 생각했다. 하지만 TV를 보고 두 엄마가 세상을 떠났을 때 아직 슬픔이 남아 있고 그때 감정의 파도가 일렁였던 것은 그들의 삶을 봤기 때문이 아닐까? 일할 때 덤덤했던 감정들은 그들의 삶과 함께하지 않아서 그들과 거리감을 두고 그들을 바라봤기 때문이 아닐까?

지금 잘하고 있는 건가? 현재 위치에서 되묻는다. 그리고 간과한 것은 무엇이었는가?

10. 바윗덩어리 들기

만약 어떤 누군가가 당신을 불사신으로 만들어준다면, 어떤 선택을 하겠는가? 어쩌면 받아들이지 않고 그저 지금의 인생을 사는, 삶의 유한함을 받아들일 것이다. 현재 우리의 살아갈 나날은 한정되어 있지 않다. 100세 인생이라고는 말하지만 누군가는 어린 나이에 생을 마감하고 누군가는 100세를 훌쩍 넘기고 살아가기도 한다. 그러나 내 삶이 무한한들 누군가의 죽음을 계속 바라봐야 한다면 기분이 마냥 좋을까? 누군가의 죽음을 지켜보는 것은 보는 것만으로 아픔이 있다. 간호사로서, 지금 살아갈 나날은 지켜보는 것만으로 감정이 흔들리는 것이다.

돌이 보인다. 돌을 들어 누군가에게 준다면 혹은 던진다면 들 수 있는 만큼 줄 수도, 던질 수도 있다. 사람의 고통의 무게도 똑같지 않을까. 견딜 만큼 준다. 큰 돌을 들 수 있는 어른에게는 극복할 수 있을 만큼의 시련이, 작은 돌을 들 수 있는 아이에게는 넘어진 상처조차도 울음을 주는 것처럼 말이다.

일하면서 익숙해지면서도 더 어려워지는 일, 사람을 대하는 것이기에 기본 원칙은 있으나 매뉴얼대로만 할 수는 없고 최선을 다했다고 했는데 더 최선이 있을 것 같은 생각들이 꼬리를 문다. 주위 사람들과 이야기해도 같은 직업군을 가진 사람들은 같은 고민을 한다. 더 가볼 걸, 한 번 더 볼 걸 하는 생각 말이다.

짐을 들 때 무게를 질 수 있는 적당한 만큼 지면 된다. 누구에게 도와달라고 해도 된다. 그런데 하면 할수록 계속 늘어난다. 우리의 일은 다들 엄청난 무게의 일을 들고 있다. 그래서 나누는 것이 미안하고 어렵다. 우린 언제나 무거운 짐을 들고 있는 일을 한다.

어느 날 말기 암 환자가 울었다. 엉엉 울었다. 그도 사람이다. 질병과 죽음에 대한 공포가 있는 나약한 사람.

"집에 보내주세요."
"그렇게 할 수 없습니다."
"제가 집에 갈 수 있나요?"
"……."

대답할 수 없었다. 그러자 그는 오열했다. 자꾸 숨이 차서 죽을 것 같은데 그게 너무 고통스러워서 죽고 싶다고 말했다. 그게 너무 무섭다고 말했다. 의식이 명료한 상태로 이렇게 직접 죽음과 공포에 대해 언급한 사람은 처음이었다. 지난번 입원했을 땐 우울감에 빠져 모든 치료를 거부했었다.

죽음 앞에 사람들의 태도는 다양하다. 간호사 호출 벨을 눌러 계속 같이 있어 달라고 불안해하는 사람, 조용히 누워있는 사람, 몸부림치는 사람, 화내는 사람. 이런 사람들을 백 퍼센트 받아들이기는 힘들다. 불안감이나 과민반응의 사람들을 보호자도 통제를 못 하는데 무조건 약을 투여해서 진정시킬 수도 없고 옆에서 정서적 지지를 해주기엔 너무나 할 일이 많아서 벅차다.

어린아이의 울음은 귀엽다. 사탕을 금방 넘겨주거나 자신의 요구 사항을 들어주면 금세 멈춘다. 부모의 울음은 무겁다. 그리고 환자의 눈물은 무겁고 어렵다. 말기암 환자의 죽음에 대한 두려움은 해줄 수 있는 것이 생각보다 없기 때문이다.

그러기에 역할과 책임의 무게가 더 무거워진다. 예전에 가족 모두와 함께했던 안녕된 죽음이 누군가에겐 일로서 받아들여야 한다는 사실이 그 무게로 느껴지는 것 같다. 그들을 위해 할 수 있는 일 또한 제한적이다. 시간이 지나면 익숙해질 줄 알았는데 갈수록 어려워지는 일이 사람 대하는 일이란 걸 느끼기에 언제나 그런 일은 내가 들 수 없는 무거운 일이다. 이러한 무거운 일들은 사람마다 바뀌기 때문에 어느 선에도 맞출 수 없는 어려움이 있다. 우리가 든 돌멩이는 견딜 수 없는 무게이다.

저우바오쑹의 《어린 왕자의 눈》이란 책에는 이런 말이 있다.

> 『누군가를 이해한다는 것
>
> 심각한 질병은 환자를 쉽게 극심한 고독에 빠뜨린다. 질병에는 막을 수 없는 강력한 어둠이 존재해 사람을 정상적인 세계에서 살아갈 수 없게 만들기 때문이다. 하늘은 여전히 파랗고 햇빛은 여전히 찬란하며 길 가는 사람들은 여전히 웃음꽃을 피우지만, 자신은 더 이상 그 세계에 속하지 않는다는 느낌을 받는다. 전에는 그 세계의 일원이었지만, 이제 세상 밖에 존재한다는 기분이 드는 것이다. 이런 상황에서 타인의 고통을 대면할 때 가장 중

요한 것은 자신이 다 이해할 수 있다고 강하게 이야기하거나 이를 강요해서는 안 된다는 점이다. 우리는 자신의 무력함을 인정한 다음 가족이나 친구에게 천천히 다가가 상황이 어떠하든 함께할 것이며, 함께 문제에 대면할 것임을 알려야 한다.

어쩌면 이해는 이렇게 하는 것이다.』

《어린왕자의 눈》, 저우바오쑹, 블랙피쉬, 2018

집에 갈 수 없을 것 같다는 무거운 돌을 들고 있는 환자에게 꺽꺽거리며 오열하고 있는 환자에게 해줄 일은 어떤 게 있을까? 그를 100% 이해할 수는 없다. 암이라는 질병 과정을 겪지 않았기 때문에 함부로 내뱉을 수 없다. 당신을 이해하고 당신의 감정을 받아들일 수 있다고 말이다. 나도 나 자신이 간호사라는 직업을 가지면서 가졌던 감정들을 해결할 수 없는데 몸도 아프고 마음도 다친 환자를 온전히 들여다본다는 것은 참 어려운 일이다. 그를 100% 이해한다는 것을 불가능한 것이다.

그래서 가끔 그 사람의 생각을 읽고 싶은 경우도 있다. 그러나 그럴 수 없기에 그냥 함께 있음이 필요하다.

바위를 들 수 없지만, 같이 함께하면 들 수 있다. 감정을 나누고 옆에 있어 주는 것.

나는 오늘 누구의 눈물을 받아주고, 아픔의 목소리를 들어 주었을까?

11. "또 놔두고 가려고?"

프레드릭 배크만의 소설 《하루하루가 이별의 날》을 보면 손자가 바라보는 죽음은 아름다운 것으로 표현된다. 그러나 일하는 입장에서 보면 임종 환자는 아름답기보다는 몇 배의 손이 더 가는 감당하기 어려운 일이다. 임종 환자에게 더 많이 손이 가기 때문에 두 배로 바쁜 환경 속에서 가끔 내가 사람을 대하고 있음을 망각할 때도 있다.

《어린 왕자》에서도 이런 글귀가 있다.

『사람들은 모두 똑같이 급행열차를 타고 어디론가 가지만 무얼 찾아가는지는 몰라. 그러니까 어디를 가야 할지 몰라서 갈팡질팡 자리만 빙빙 돌고 하는 거야.』

《어린 왕자 별》, 생텍쥐페리, 단한권의책, 2015

간호사는 모두 급행열차를 타고 가지만 무얼 찾아가는지 모른다. 그러니까 제자리만 빙빙 돈다. 우리의 일터는 숨 쉴 틈을 주지 않는다. 시계는 24시간 멈추지 않고 우리는 그 시계 속에서 시간과 함께한다. 그리고 자의 반 타의 반에 의해 급행열차에 오른다. 손이 빠르고 정확하게 하는 사람 그리고 신속히 일 처리가 되었을 때 그 사람이 일을 잘하는 사람이고 잘했다고 칭찬한다. 사람의 생명을 대하는 일이기 때문에 1분 1초가 중요하기 때문이다. 빨리빨리 하는 일을 뒤돌아보면 가끔 일과 사람이 주객전도가 될 때도 있다. 다른 바쁜 일에 눈이 밟혀 사람과 일이 뒤바뀔 때 후회를 느낀다.

어제 많이 안 좋던 환자가 있었다. 나에게 한마디 내뱉었다.

"또 놔두고 가려고?"

잠깐 환자를 보고 나가려던 찰나였다. 임상적인 수치가 괜찮아진 것을 확인하고 간호기록을 하려고 했다. 그런데 그 말을 듣고 순간 찌릿했다. 그는 신규간호사보다는 숙련된 나 같은 간호사를 더 원했다. 불안했나 보다. 그러나 그의 옆에 24시간 붙어 있을 수 없다라고 핑계를 댔다. 해야 할 일들이 쌓여 있다고 말하며 그의 옆에 온종일 붙어 있을 수 없다고 말하며 휙 병실을 나갔다.

나는 간호사다. '함께 있음'을 해줄 수 있는 간호사. 그들의 얘기를 듣는 간호사다. 그런데 사실 그 환자의 옆에서 충분히 얘기를 들어줄 수 있는 이상적인 시간은 존재하지 않았다. 24시간 돌아가는 시곗바늘을 멈춰 버리면 누군가에겐 그 시간이 없어지기 때문이다. 그의 옆에

붙어 있으려면 신환도 못 받고 다른 환자들을 볼 시간도 줄어들고 하니 말이다.

그러나 어떠한 환경에서도 환자보다 바쁜 내가 먼저일 수가 없어야 하는데 안타깝게도 내 일이 먼저였던, 해야 할 일들에 밟혀 그 사람을 외면했던 그런 간호사였다. 그가 느끼는 불안을 감싸주어야 했던 간호사였음에도 불구하고 뒤에 해야 할 많은 일들에 휩싸여 그것을 처리하기 위해 급행열차를 타고 갔던 간호사였다. 그때 말했어야 했는데.... 제가 잠시 가는 것이지 당신을 계속 지켜보고 있음을. 집에 오고 나서야 오늘 내가 외면했던 그런 순간들이 떠올랐다. 후회됐다.

"또 놔두고 가려고?"

이 말은 되새겨 보니 나는 그에게 항상 본인을 내버려 두고 내 할 일만을 찾아 하는 간호사였다. 이게 과연 급행열차를 타고 얼른 거기에 도착한다고 해서 제 할 일을 다한 것인가?에는 물음표이다. 실수를 안 하고 일 처리를 빨리빨리 해서 24시간 돌아가는 시계를 맞추며 일하는 그런 간호사가 정말 완벽한 간호사일까? 그게 과연 환자들에게 좋은 것일까? 아니면 그냥 실수를 하지만 그들에게 최선을 다한 간호사가 진정한 간호사인가?

일을 하면서 잘 하려고만 했다. 사람을 보지 않고. 일만 잘하려고 했다. 실수하지 않는 것이 일을 하는데 자부심을 세울 수 있으니까. 그리고 오롯이 그것이 진리인 것처럼 맹신했다. 그런데 지나고 보니 단지 실수를 하고 안 하고가 중요한 게 아니었다. 사람을 대하는 일이기에, 사람들을 이해하면서, 그 사람과 속도를 맞춰서 일하는 것이 얼마나 중요한지 예전엔 미처 알지 못했다.

바쁘니까... 바쁘니까라고 말하며 내 할 일만 찾았던 그 시간들을 기억해본다. 멈추지 않는 시계 속에서 내가 함께 갔어야 의미가 되는 시간들을 나 혼자만 빨리 목적지로 내달린 것은 아닌지 생각하는 오늘이었다.

12. 선의의 거짓말

당신의 인생에서 가장 어려운 단어를 꼽으라면 어떤 단어를 말하겠는가? 나는 '약속'이라고 말할 것이다.

나는 약속이란 단어가 가장 어렵다고 생각한다. 약속을 지키지 않는 사람이 정말 싫지만, 아이러니하게 그것을 지키는 건 무척이나 어려운 일이다.

《신과 함께》라는 영화를 보면 살아생전에 했던 거짓말들을 심판하는 지옥을 통과해야 하는 장면이 나온다. 죽은 동료 소방관에게 딸이 있었고 아빠의 편지를 마냥 기다리는 초등학생 딸에게 아빠를 대신해서 편지를 써준 거짓말, 그리고 아픈 어머니를 위해 잘 지내고 있다는 거짓말. 그러나 그런 선의의 거짓말이 언제나 정당화될 수 있는지는 물음표이다.

내가 생각하는 가장 어려운 단어는 약속이자 선의의 거짓말이다.

며칠 전의 일이다. 같은 직장에서 근무하는 간호사 선생님이 딸아이와 약속을 했단다.

"오늘은 일찍 갈게!"

그 말은 맞벌이 엄마를 기다리는 딸아이에게 엄마가 딸을 안심시킬 수 있는 최선의 약속이었다. 엄마가 일하지만 나를 위해 일찍 올 것이라는 믿음. 그러나 딸과의 약속은 안타깝게도 지킬 수 없었다. 그날 딸에게 그 간호사 선생님은 거짓말쟁이가 되었다. 그 간호사 선생님이 놀다가 간 것이면 좋았으련만 그날 유독 평소보다 일이 몇 배로 바빴다. 교대가 이루어지는 근무임에도 손을 뗄 수 없는 순간들이 있다. 가족보다 병원의 삶이 우선시되어야 했고 일이 마무리되지 않았기에 그래서 그 선생님은 아이와 약속을 지킬 수 없었다.

한순간이다. 모든 사람이 일상을 살면서 단 한 번도 약속을 어긴 적이 없을까? 나 자신도 마찬가지다. 일할 때 뭔가를 요청받았을 때 "잠시 뒤, 5분 뒤에 갈게요, 할게요." 습관적으로 내뱉는 말을 하지만 일을 하다 보면 시계는 30분이 훌쩍 지나버려 금방 거짓말쟁이가 되어버린다. 약속을 꼭 지켜야 한다는 신념을 가질 만한 사람인가? 그 누구라도 약속을 어길 수 있는데 말이다. 어떤 경우엔, 간호사로서 내가 한 말이 누군가에게 약속처럼 받아들여질 때 난감함을 느끼기도 한다.

대퇴골 골절로 수술을 기다리는 환자가 우리 병동(호흡기 내과)으로 입원했다. 그가 왜 정형외과가 아닌 호흡기 내과에 입원했냐고? 심폐기능이 떨어지면 수술을 할 수 없기 때문이다. 일단 호흡기 쪽 문제부터 해결한 뒤 수술을 할 수 있다.

그러던 어느 날 밤 환자는 갑자기 "걷고 싶다."라고 했다. 환자는 수술하고 싶다 했지만 의사는 수술하면서 사망할 수 있을 정도로 상태가 안 좋다라고 보호자에게 설명했었다. 그런데도 보호자들은 환자의 소원을 들어주고 싶다고 수술을 꼭 해주고 싶다고 했다. 걷고 싶다는 할아버지의 말을 듣고 그 할아버지에게 딸은 말했다.

"아빠 수술하면 걸을 수 있어."

그러면서 딸이 내게 말했다.

"그렇죠? 선생님, 아빠 걸을 수 있죠? - 걸을 수 있다고 얘기해주세요."

라고 작은 소리로 나에게 속삭였다.

그러나 그 말을 할 수 없었다. 환자에게 곧 걸을 수 있다는 약속은 하기 어려웠다. 그냥 내뱉고 말면 될 말이었겠지만, 그럼 그 환자는 희망을 품고 기뻤을 테지만 나는 쉽게 약속을 할 수 없었다.

그 환자는 상태가 더 악화되어서 수술을 진행할 수 없었다. 결국 걷고 싶다는 꿈만 꾼 채, 그는 넓고 잔잔한 호수로 떠나갔다. 그리고 다시는 이 땅에 돌아올 수 없는 세계로 갔다. 약속을 함부로 내뱉지 못하는 어려움. 간호사 일을 하면서 늘 이런 것이 어렵다. 내가 한 말에는 책임이 들어가기 때문에 이런 상황 속에서 말을 하는 것이 너무 힘들다. 긍정의 힘을 불어넣어 주어야 하는 것인가? 아니면 현실을 알려주는 것이 좋을까? 그런 말에 대답을 못하는 해결 못 해주는 내가 오늘 무능력해 보인다.

항상 무언가에 대한 질문을 받으면 확신이 없고 대답을 원하면 회피했던 간호사였다.

"걸을 수 있죠?"

"저는 말 못 합니다."

죽음이 불안한 환자에게도 "대답할 수 없습니다."라고 말이다.

오늘도 감정이 출렁였다. 그가 희망을 가질 수 있도록 지키지 못할 선의의 거짓말을 해줬더라면 그는 기뻐했을까? 웃음 지을 수 있었을까? 그에게 그런 약속을 했으면 내 감정은 이렇게 불편하지 않고 마음이 편안해졌을까?

13. 저도 안 괜찮아요

인생에 밀물이 밀려오거나 구름이 껴도 동요하지 않는 사람은 간호사인가? 죽음 앞에 덤덤한 간호사는 많지만, 죽음 앞에 덤덤한 사람은 없다.

나에게 죽음은 누군가에게서 전해 듣는 말이었다.

"누가 돌아가셨대."

전해 들은 말로 죽음이란 단어는 슬픈 감정. 그리고 보고 싶은 마음. 어제의 대화가 계속 떠오르고 맴돌고. 그런 감정이었다.

난 죽음의 과정을 본 적이 없는 아이였다. 삶과 죽음의 경계에 드나드는 사람을 곁에서 지킨 적이 없었다. 중학교 때 아픈 할머니를 집에서 모셨지만 돌아가시기 전날 할머니의 방을 지킨 건 엄마였다. 그때 또한 자고 일어나니 그렇게 전해 들은 소식이 할머니의 부고였다.

그러나 지금은 간호사로서 죽음의 과정을 본다. 밥을 먹다가 뒤로 넘어가는 사람, 불과 5분 전까지만 해도 나와 농담을 주고받던 사람들이, 눈을 마주했던 사람들이 심정지가 온다. 또한 호흡 양상이 변하고 호흡을 잃어가는 사람도 마주한다. 통증으로 신음하는 사람도 마주한다. 죽음을 감당할 수 없는 두려움을 가진 사람들도 마주한다. 죽음의 과정을 본다.

간호사로서 죽음은 일이다. 누군가는 임종을 애도할 시간에 누군가는 서류작업을 마쳐야 한다. 누군가는 생을 마무리할 때 누군가는 미처 하지 못한 일을 마무리해야 한다.

간호사가 된 후 일로서 처음으로 죽음을 받아들인 날은 감당할 수 없는 버거움이 있었다. 연고지가 없는 사람. 아들 한 명이 그의 곁을 지켰다. 애도의 시간을 주고 임종방의 문을 연 순간, 엉망진창인 방을 마주했다. 관을 제거하고 난 뒤에 체액에 흘러나와 온 시트가 다 젖었다.

소설책에서, 영화에서 봤던 아름답게 표현한 잔잔한 호수 같은 죽음은 아니었다. 눈물로 젖은 환의는 아름답겠으나 체액으로 뒤덮인 현실 속의 환의가 놓인 그곳은 지옥이었다.

옷을 갈아입히고 시트를 다시 정리하고....

그때, 일로서 죽음을 받아들였다. 간호사로서.

이렇게 죽음의 과정은 아름답지만은 않다. 냄새도 난다. 그러나 우리에겐 누구나 죽음이라는 과정이 있고 삶이란 과정이 있다.

간호사를 하면서 점점 죽음 앞에 무뎌지고, 덤덤하게 일을 해가지만 막상 또 시간이 지나고 나면 남은 가족에 대한 안타까움을 느끼게 되고 내가 혹시 놓치거나 지나쳐버린 것은 없었는지 신경이 쓰이고 때론 스스로를 책망하기도 한다. 한켠엔 임종을 마주하는 순간에 환자상태가 안 좋아지면 다음 업무를 이어가야 한다는 부담감이 일기도 한다.

인간으로서 바라보는 죽음은 막연한 두려움과 연민의 감정이다. 간호사로서 바라보는 죽음은 일로서 나의 역할을 받아들이는 것이다. 임종 과정은 간호사의 업무이지만, 우린 인간이기도 하기에 후회 없이 간호하고, 더 잘해주겠다는, 더 많은 것을 주겠다는 다짐. 기꺼이 내 것을 주겠다는 마음으로 간호해야 한다.

Chapter 3

열 개의 눈

1. 나를 백번 부른 보호자

가끔 웃픈 기억들을 꺼내본다. 기억나는 사람 TOP 3, 우리 병원 효자 TOP 3 등등.... 그땐 유독 지쳤는데 지나고 보면 강렬한 기억 때문인지 내 기억 속에 잊히지 않는 존재들이 있다.

오늘은 문득 나를 백번 불렀던 사람들이 떠오른다. 매번 처음으로 돌아가버린 느낌과 똑같은 말을 100번씩 해야 하는지에 대한 고민들 속에 지쳐버리는 상황들. 이런 경우엔 어쩐지 이 시간에 갇힌 듯한 느낌을 받는다.

|

답답하다.

허무하다....

그럼에도 나는 이 사람들이 선하다는 것을 알고 있다. 단지 안타깝고 답답한 마음이 드는 것 이외에, 내가 이 사람들에게 해줄 수 있는 작은 역할은 무엇인지 – 지나고 난 후에 생각해보기도 한다.

문득 강렬한 인상을 줬던 어느 보호자가 떠오른다. 보호자는 30살이 훌쩍 넘어 보였지만 장애를 가지고 있어 지능이 조금 낮았다. 그런 사람들을 보면 참 순수하다는 생각을 많이 한다.

지. 나. 고. 나. 면.

막상 그 보호자와 함께했던 시간들은 답답함 그 자체였다. 나를 백번 불렀기 때문에.... 아빠를 간호했던 그녀는 매번 한 가지 의문이 날 때마다 아니면 질문이 생길 때마다 응급상황이라도 생긴 듯 큰소리로 다급하게 불렀다.

"선생님!! 선생님!! 빨리 와보세요!!"

이런 다급한 목소리를 들을 때면 놀라서 모든 근무자들이 우르르 그 환자에게로 달려갔다.

"근데 이 빨대로 아빠 물 줘도 되나요?"

"안됩니다. 지금 비위관을 가지고 있어서 입으로 물을 주면 폐로 흡인돼요, 주지 마세요!"

그리고 돌아서면 또,

"선생님!! 선생님!! 빨리 와보세요!!"

하루에도 백번 불러대는 그 보호자 때문에 업무는 마비가 되었다. 또 우리에게 물었다.

"아빠 목마르대요. 물 주고 싶어요."

"안됩니다."

"선생님!! 선생님!! 빨리 와보세요!!"

"이건 왜 그런 거예요?"

"선생님!! 선생님!! 빨리 와보세요!!"

집에서까지 이 소리가 귀에서 계속 맴돌 정도였다. 돌아서면 같은 질문과 같은 대답을 하는 보호자 때문에 똑같은 말을 여러 번 해서 지칠 대로 지쳤다. 매번 급하게 큰 목소리로 말하기에.

"선생님!! 선생님!! 빨리 와보세요!!"

어쩌면 양치기 소년같이 한 번 믿지 않으면 환자에게 큰일이 나도 보지 않는 방심이 있을까 해서 모두가 지치지만 계속 그 환자에게 어쩔 수 없이 달려갔던 시기가 있었다. 그리곤 지쳐서 그녀의 물음에 영혼 없는 대답을 하곤 했었다. 그래서 매일매일 한마음 한뜻으로 그 환자의 상태가 빨리 호전되길 바랐다. 다행히 그 환자는 나날이 호전되어 퇴원을 했다. 그리고 모두가 그 환자를 퇴원 보냈던 간호사에게 한마디 남겼다.

"수고했다!"

그땐 강렬한 답답함을 내게 준 사람이었지만 그런 사람이 오히려 더 순수한 사람이라는 걸 느낀다. 우린 다급한 보호자의 목소리 때문에 그 환자를 100번 넘게 가서 살폈다. 아빠를 잘 보고 싶어하는 사랑 많은 딸의 의욕과 마음 때문에 말이다.

그리고 다시 이런 사람을 만나지 않을 거라 생각했던 보통날, 이런 사람을 또 만났다. 환자로서. 폐쇄병동에 입원했던 정신질환 환자였는데 급성기 병원에서 치료를 하려면 행동 통제가 심하게 안 되었기에 보호자가 꼭 있어야 했다. 그래서 보호자 상주 조건으로 우리 병동에 입원을 했다. 그는 매번 같은 질문을 하고 엄청난 식탐을 갖고 있는 환자였다. 개인위생도 불량했다. 우리가 안 보는 사이에 병실에 있는 냉장고의 음식들을 모조리 먹어버렸다. 보지 않을 때는 제어가 안 되는 행동들을 했다. 그리고 매번 밖으로 나와서 간식은 언제 주냐고 같은 질문을 계속했다.

보호자는 그의 형이었는데 형은 병실 안에서 환자를 돌보는 게 아니라 그저 밖에서만 있었다. 24시간 동안. 환자의 행동은 같은 병실에 있는 환자들을 화가 나게 할 정도로 혼란이 심했지만 질환 때문에 무조건 신경안정제를 줘서 재울 수만은 없던 상황이었다. 매번 간호사 호출벨을 눌러 밥과 간식은 언제 주냐는 똑같은 질문들을 백 번 받았기에 우리들의 일적인 스트레스는 극에 달했다.

그렇게 치료가 끝나갈 무렵 다른 병원으로 전원을 가게 되었는데 전원 가는 날, 보호자 형이 갑자기 사라졌다. 전화 연락도 안 됐다. 계속 연락을 했지만 몇 시간 뒤엔 핸드폰을 바꿔버렸다. 그리고 전원 갔던 환자가 다시 돌아왔다. 그를 받아주는 병원이 없었던 것이다. 충남에서 소문이 날대로 나서 그를 받아주는 곳이 없다는 얘기를 들었다.

간식을 매번 찾았던 그는 다시 돌아온 병원이 다른 병원인 줄 알고 다시 다소곳하게 자신이 해야 할 일을 했다. 하지만 역시나 얼마 지나지 않아 다시 간식을 찾았다. 매번 식사 시간만을 기다렸던 그는 밤 12시 30분에 병실 밖으로 고개를 빼꼼 내밀고 나에게 물었다.

"점심은 언제 주나요?"

밤 12시 30분에 말이다! 처음엔 우리를 괴롭히는 진상에서 지금은 정말 한없이 순수한 사람으로, 어느새인가 그에게 정이 들어버렸다.

그런 일이 있은 직후에는 우린 도망갔던 보호자를 무책임하다며 원망을 했다. 그러다 문득 그 형의 입장을 헤아려 보았다. 그 환자를 수십 년간 이렇게 따라다녔을 형의 마음 말이다(환자의 나이는 50이 훌쩍 넘었다).

아직 결말은 없다. 언젠가 그는 다른 병원으로 가겠지만 세상 모든 병원을 떠돌 그를 생각하면 안타까운 마음이 든다.

2. 열 개의 눈

간호사가 주시하고 있는 곳은 아무래도 중증도가 높고, 진단명이 많은 환자이다. 간호사라면, 10명의 환자를 볼 때, 개별적인 간호를 제공하면서도 10명에게 같은 시선을 줘야 한다. 질병에 따라, 중증도에 따라 중점 간호가 다르더라도 상태가 안정적인 환자도 컨디션이 변할 수 있기 때문이다. 간호사 일을 하면서 감당할 만한 일은 환자의 상태변화를 예측할 수 있을 때의 일이다. 그래서 경험이 쌓일수록 여러 가지 업무를 능숙하게 처리할 수 있게 된다.

그러나 때때로 예측을 넘는 사건들이 일어난다. 괜찮은 줄 알았던 환자의 상태가 시시각각 변화하고 내가 생각지도 못한 일이 일어나곤 한다. 그럴 때는 당황스럽고 때론 두렵기도 하다. 잘 해결되면 다행이지만 적시에 처리하지 못하면 나 한 명 책임지고 끝내는 범주를 넘어설 수 있기 때문이다. 그런 수많은 일 중에 제일 당황스러웠던 일을 꺼내고 싶다.

병실에 있는 환자가 사라졌다. 연세가 많거나 의식 혼돈이 있는 경우, 아니면 정신질환이 있는 환자는 보호자에게 병실에 상주하라고 설명한다. 그러나 괜찮다고 말하며 그냥 환자를 혼자 두고 가는 경우가 있다. 그 보호자도 사정이 있었다. 간병인을 쓸 여건이 안 되었고 병원비를 지불하기 위해 생계를 이어가야 한다고 말했다. 보호자는 환자를 두고 외출을 했다.

어느 날 점심밥을 먹고 약을 돌렸는데 환자가 사라졌다. 마음이 철렁 내려앉았다. 환자는 치매가 있었다. 같은 병실에 있는 목격자에 말에 의하면 점심 약을 먹고 사라졌다고 말했다. 환자가 사라져버리는 것은 등에서 땀이 줄줄 나는 사건이었다. 동원할 수 있는 인력의 간호사가 환자를 찾는 데 주력했다. 보안직원에게 연락을 했고, 보호자에게 연락을 했다. 찾고, 찾고 또 찾았다. 이 일 때문에 다른 일은 손에 안 잡혔다.

몇 시간이 흐르고, 환자를 찾았다. 다행이었다! 그간

의 조마조마 했던 시간은 몇 시간이었지만 마치 일 년은 흐른 듯한 느낌이었다. 환자를 찾은 것은 지하철역에서였다. 출근중이던 간호사가 자기 병원 환자복을 입고 돌아다니는 환자를 발견해서 데려오게 된 것이었다. 환자를 찾아서 다행이었지만 이런 일이 또 일어나지 않기를 바랐고, 간호사의 눈은 열 개여야 한다고 생각했다.

당황스런 사건은 하나 더 있었다. 병원비 절도사건!

입원 시 교육내용 중에는 도난 주의에 대한 교육이 포함되어 있다. 그런 교육을 할 때 도난 사건이 있었으니까 그것에 대한 교육을 한다는 생각을 하고 있어야 했다. 그러나 당시엔 설마 그런 일이 있겠어라는 안일함도 내겐 있었다. 자동응답기 같이 영혼 없이 환자와 보호자에게 교육을 한 적도 있었다. 그런데 실제로 일은 일어났다.

보호자의 돈가방이 사라졌다!

중환자실로 전실된 환자의 보호자는 어디 갈 곳이 마땅하지 않아 휴게실에 대기하면서 머리맡에 가방을 베개 삼아 잤다고 한다. 그런데 아침에 자고 일어나 보니 그 가방이 사라져버렸고 바로 경찰에 신고한 것이었다. 그 가방 안에는 언제 안 좋아질지 모르는 환자의 치료비를 위한 몇백만 원의 병원비가 들어 있었다고 말했다. CCTV를 돌려보니 우리 병동 환자가 범인이라는 결과가 나왔다. 그는 태연하게 병실에서 자고 있었다. 입원해 있었던 환자를 데려가도 되냐고 경찰이 내게 물었다. 의사에게 알려 퇴원가능 여부를 물었고, 퇴원처방이 떨어졌다. 퇴원절차를 진행하지 못하고 그냥 멍하니 있었는데 경찰이 그를 그냥 데려갔다. 항상 마지막 기록은 퇴원으로 마무리해야 했던 고정관념이 존재하던 나였는데 이런 기록을 어떻게 남길 것인가하는 문제와 함께 도난사건을 처음 겪은 나로서는 이렇게 처리하는 게 맞는 건가라는 생각이 들기도 했었다.

예측의 예측을 넘는 곳이 이곳이다. 하지만 우리의 눈은 열 개가 아니다.

가끔은 이런 일이 일어나면 운에 기대기도 한다.

'제발… 내 근무 때만 일이 터지지 않게 해주세요.'

3. 왜 나는 안 해주나요?

간호사는 대상자가 최선의 선택을 할 수 있도록 도와주는 사람이다. 그가 지식을 증진시켜 본인이 필요한 요구가 무엇인지 알고, 스스로 행할 수 있게 해줘야 한다. 그러나 남을 온전히 이해하는 것은 어렵고, 모든 가능한 자원을 동원해도 한계가 따를 수밖에 없다. 그럼에도 불구하고 간호사는 대상자를 개별적으로 접근해야 한다.

고흐를 알고 있다면, 그가 알려진 정보가 있다고 해서 우린 고흐를 완벽하게 간호할 수 있을까? 우리는 책에서 그의 미술에 대한 태도와 그의 동생 테오와 주고받은 편지로 그의 삶을 추정할 뿐이다. 그러나 그가 벨기에 보리나 주 탄광촌에서의 삶, 그리고 그가 동생과 편지를 주고받지 않았던 시기의 삶에 대해서는 우린 그가 되어보지 않았기에 그를 100% 이해했다고 할 수는 없다. 우린 그가 귀를 잘랐던 미치광이 정신질환자, 못생긴 자살자라고 알고 있다. 하지만 그가 고민하고 믿고 사랑했던 것, 그리고 그가 그 당시에 분투하고 있었던 것들, 타인의 불행을 누구보다 진지하게 고민하고 자신의 삶을 사랑했던 인간이라는 것을 알지 못했을 수도 있다.

우린 종종 이렇게 내가 바라보고 싶은 대로 사람을 판단하고 예측한다. 한 사람의 생을 이해하는 것은 어렵다. 그의 생각을 온전히 100% 이해할 수 없기 때문이다. 내 삶도 스스로 모르는 영역이 있는데 어찌 상대방이 되어 보지 않고 그를 이해할 수 있겠는가. 우린 그런 모르는 영역을 넘나드는 일을 하기에 이 일은 더 어렵고도 어려운 일이다.

나를 동요하게 만들어 주는 것은 비교에 비교, 반복에 반복의 뫼비우스의 띠이다. 사람은 주변의 영향을 받고 항상 남과 비교를 하게 된다. 병원에서는 사람과 사람이 있는 곳이기에 비교와 비교, 반복과 반복의 무한궤도를 돌고 있는 곳이다.

나만 해도 그렇다. 나는 남과 항상 비교한다. 다른 사람은 책도 많이 읽었고 아는 바가 많다. 그래서 그런 사람과 같이 이것저것 욕심껏 책을 읽어야겠다고 무작정 다른 사람이 읽었던 책을 샀다. 몇 가지는 읽었다. 그러나 다 읽지 못한 책도 있다 – 피곤하다는 핑계로. 그것은 막연히 옆 사람과 같아지고 싶어지는 막연한 부러움 때문에 그런 것이었다. 내 방식대로 글을 해석하고 재밌게 적용해서 살아가면 되는 것이었는데. 몇 권을 읽었다는 사실 자체가 중요한 게 아니라 한 권의 책이라도 내 삶에 들어오는가가 더 중요한 일이었는데 말이다. 나는 그것을 알지 못하고 비교와 그 반복으로 살아왔던 것이다. 나 스스로도 이런 생각을 하고 있는데, 하물며 여러 명의 환자마다 개개인이 가지고 있는 생각의 차이는 얼마나 클까?

간호사는 대상자를 개별화해야 하지만 이것은 말만큼 쉬운 일이 아니다. 나 또한 하루에도 수십 번씩 생각이 바뀌는 경우가 많아 변덕을 피우는데 45명의 환자 각각의 대상자를 간호하는데 개별화해야 한다는 것이 얼마나 어려운 일인지 상상이 되시는지?

사람은 기계가 아니라 더 어렵다. 어떤 진단명을 가진 사람에게 같은 간호를 해도, 같은 치료를 해도 결과는 제각기 다르다. 남과 비교를 해서 우월감과 열등감을 느끼는 건 비슷한 처지에 있는 사람이다. 너와 나의 차이가 크다면 나는 너를 부러워하지 않는다. 저 사람을 따라갈 수 없다고 생각하기 때문이다. 그런 사람들은 내가 다리를 쫙 찢어도 못 미침을 알기에. 그런데 나와 비슷한데 남이 조금 더 가진 게 있으면 나도 그게 없으면 안 될 것 같고 나도 그런 사람이 될 수 있을 것만 같은 생각 때문에 비교하게 된다.

병동에서 일하면서 이런 경우가 있었다. 호흡기 치료로 자주 하는 분무 요법(약물을 에오로솔로 만드는 기구, 즉 네뷸라이저를 사용하여 기도에 약제를 투여하는 흡입 요법을 말한다[출처: http://www.doopedia.co.kr/])을 할 때의 얘기다. 어떤 사람은 분무 요법을 하면 입안이 헐고 너무 약이 많아서 힘들다고 거절한다. 아니면 약을 좀 줄

여달라고 한다. 그런데 아무것도 안 하는 환자는 옆 사람이 대단한 치료를 하는 것처럼 느껴졌나 보다. 대부분 환자가 치료로써 그 분무 요법을 하고 있었기에. 옆에 환자가 기계음을 윙- 거리면서 시간마다 치료하는 것을 바라보고 있었으니 어떤 생각이 들었겠는가?

"왜 남은 해주는데 나는 안 해주나요?"

옆에서 바라보고 있던 한 환자가 화를 내며 말했다.

"제가 안 아파 보이나요?"

자신도 옆에 있는 사람이 하는 그것을 해달란다. 의사에게 알렸다. 원하는 대로 해줬다. 그랬더니 그 사람이 더 화가 나서 씩씩거리며 나왔다.

'왜 그러시지? 당신이 요구하는 대로 해줬잖아요.'

"뭐야 이게! 하자마자 끝났잖아!"

그 사람의 마음을 알고 보니 남들은 몇 분씩 하는데 자기는 불자마자 약이 다 날아가 버렸다고. 빨리 끝나도 너무 빨리 끝난 게 아니냐고 말하는 것이었다. 그 환자는 옆에 사람이 계속해서 오랫동안 하고 있으니 더 좋은 치료를 받는 것처럼 보였고 그래서 더 효과가 있어 보였나 보다. 여러 가지 약물을 하는 것을 모르고 약제들에 따라 용량이 다르고 하는 개수에 따라 시간이 다른 걸 모르고, 그냥 봐서 오래 하는 게 좋아 보였던 것이다.

우리는 사람을 대하는 일이기에 실제로 의학적인 설명이 안 통하는 경우가 많아 힘든 경우도 많다. 사실 변비와 설사는 질환에 따라 경과를 보며 약을 주게 되는데, 환자는 무조건 약을 바란다. 어르신들은 약 하나에 일희일비한다. 변비를 호소해서 약을 주면 설사를 하고 설사약을 끊으면 변비가 생기는 뫼비우스의 띠를 겪어보지 않으면 의학적인 지식만 가지고 병원 생활을 하는 것이 능사는 아니라는 결론에 도달할 것이다.

문득 순풍산부인과 일화가 하나 떠오른다.

미달은 숙제 하나를 받아왔다. '월 화 수 목 금 토 일'을 한자로 외워오라는 것. 그의 가족들은 미달이가 머리가 나쁘니 그 숙제는 미달이에게 턱도 없을 것이라고, 숙제하기는 힘들 것이라며 놀려댄다. 엄마 미선이 발끈한다. 무슨 일이 있어도 다 외우게 만들겠다고 다짐한다. 그러고 나서 엄마는 자는 미달이를 깨운다. 책상에 미달이를 앉히고 차근차근 하나씩 가르쳐준다. 알기 쉽게 찬찬히 말이다. 그런데도 결과는 참담했다. 3시간 동안 月 하나로 사투했지만 미달은 月을 외울 수 없었다. 미선은 결국 화를 내고 가슴이 터져라 속을 태우는 내용이다.

누가 미달이에게 '월 화 수 목 금 토 일'을 가르쳐 줄 것인가?

시트콤을 보고 웃었지만 이런 일을 종종 겪는다. 반복에 반복된 교육을 함에도 다시 원점으로 돌아오는 경험을 자주 한다. 그럼 우린 교육이 제대로 안 되어 그런 거라며 대상자를 개별화하며 교육한다. 우린 미달이에게 月이란 한자를 꼭 가르쳐야만 한다.

이런 반복이 필요한 환자를 가르치는 것도 어려운 일이다. 그냥 매번 제자리걸음을 반복하는 일과 같다. 그러나 환자가 집에서 자가 간호를 못 하면 다시 병원에 오니까 우린 재교육을 통해서 본인의 간호를 할 수 있도록 도와주는 것도 우리의 역할이다. 그런 역할들을 할 때 언제 어디서나 반복적으로 이해할 때까지 대상자를 가르쳐야 함에도 나는 답답해서 엄마 미선처럼 화가 나서 밖으로 나간 적도 많았다.

하지만 오늘 하루는 누군가에게 月 하나 못 가르쳤다고 해서 지치지 말자. 동요하지 말자. 당신의 지침으로 누군가는 내가 해준 일 덕분에 덜 지쳐 있을지 모르니 우린 선물 하나를 그들에게 준 셈이다. 주는 기쁨, 얼마나 좋은가? 내가 지침으로 남에게 주는 선물.

사실 더 어려운 것은 원점이 되는 환자보다도 '마이웨이' 환자들이다. '나는 그냥 나의 길을 가련다'는 이런 경우가 제일 힘이 드는 일이다. 이들의 고집은 절대 어느 누가 와서 꺾을 수 없다. 뇌가 25살이면 변화하지 않으려 하는데 90세인 할아버지 할머니들의 고집 또한 얼마나 대단한지 모른다. 무척이나 완고하다. 본인이 하고 싶은 대로 평생을 그렇게 살아온 인생인데, 병원에 입원하는 우리 병동의 환자들이 평균 나이가 80~90세인데 그들을 설득하는 것은 엄청난 힘이 필요하다. 그러나 힘을 온전히 쏟음에도 결과는 참담하다. 온전히 자기 주관대로 살아온 90살 인생이니 병원에선 이러시면 안 된다는 말이 잔소리로 들릴 텐데, 하루 이틀 잠깐 본 간호사의 하지 말라는 말이 들릴 리가 있을까? 이들에게 치료 식이는 필요 없다. 염분 조절이 필요한 대상자들이 갖가지 장아찌와 젓갈 등의 밑반찬을 상다리 휘게 차려놓고 먹는다. 어떤 신부전 환자는 식이에 라면까지 놓고 먹는다. 당뇨 조절이 안 되는 할아버지가 바나나킥을 너무 좋아해서 입에 달고 있을 정도인데 이렇게 고집이 강한 사람들에게 무한 반복되는 교육의 힘은 다 필요 없다.

때론 언성을 높이면서 원리원칙을 따르는 것이 좋은지 아니면 그들을 수용하고 그냥 조용히 묵과할지는 간호사 개인의 몫이다. 매번 혈당이 높아 바나나킥을 눈치 보면서 먹는 할아버지에게 언성을 높였지만, 바나나킥 할아버지 퇴원하는 날 직접 얘기를 했다.

"오늘은 퇴원하는 날이니 할아버지가 바나나킥 드신 것을 못 본 걸로 합시다!"

비교와 반복의 뫼비우스의 띠를 겪으며 때론 타인을 원망할 때도 있었고, 짜증날 때도 있었다. 왜 끊임없이 가르치는데도 교육을 똑바로 안 했냐고 질타하는 의사도 있었다. 수많은 미달이에게 한자로 월화수목금토일을 가르쳐 줄 때면 절망스럽기도 했다. 또한, 자신의 고집대로만 살아온 어르신들에게 싫은 소리를 해가면서 가르쳐도 똑같이 반복된 습관을 고치지 못할 때 허탈하기도 했다.

그러나 내가 힘들다고 그 띠를 잘라야 할까? 비교와 반복의 무한궤도를 돌고 있음에도 감정이 흔들려도 나아가야 하는 게 나의 역할이다. 미달이에게 한자를 가르치는 일이 답답해서 화가 치밀어 올라도 그들을 변화시킬 수 있다는 믿음으로 계속해 나간다면 언젠가는 기쁜 날이 오지 않겠는가? 오늘 하루는 각각의 사람들의 요구를 다 충족시켜주지 못하고, 나의 이런 마음을 몰라준 사람들을 보며 절망스럽기도 했지만 그럼에도 그 띠를 자를 수 없는 무언가가 있다면, 오늘 느꼈던 감정 그것 하나로 충분하다고....

4. 개미지옥

격리는 환자로부터 타인이 감염이 되지 않도록 생활환경에서 분리하는 것을 말한다. 누구나 입원해 있다가 균이 검출되면 격리실로 이동을 한다. 우리와 보호자, 환자 사이가 원만했던 사람도 격리실에 들어가야 한다는 이야기를 들으면 궁금한 것도 많아지고 두려운 것도 많은 게 사실이다. 그러면서도 처음과 다르게 시간이 지나면 아무렇지 않게 격리 지침을 무시하는 보호자도 적지 않다. 눈에 보이지 않는 균이기에.

격리실에 계신 할머니를 돌본 손자 이야기이다.

처음엔 라포가 괜찮았다. 그러나 환자 상태가 점점 안 좋아질수록 보호자는 예민해져만 갔다. 항생제나 다른 약물들 중에는 투여 시 주사 시간이 일정하지 않은 경우가 있다. 아무리 같은 시간에 주사를 줘도 환자와 환자 사이에 시간차는 늘 존재할 수밖에 없기 때문이다.

격리실은 다른 환자들이 균에 감염되지 않도록 제일 마지막에 처치가 이루어져야 하는 공간임에도 불구하고 그 보호자는 먼저 해주길 바랐다. 정각에, 정확히 8시간 간격을 원했다. 수액은 감염예방을 위해 24시간 이내에 교체되어야 했지만 수액 한 방울 끝까지 다 맞길 원했으며 이것저것 보호자가 원하는 대로 해주길 원했다. 피부가 약했기 때문에 체위 변경이라도 하거나 혈압을 재려고 하면 피부가 벗겨질까 봐 조심스럽게 아주 조심스럽게 했다. 뭐하나 하고 나면 매번 꼬투리를 잡힐까 두렵기도 했고, 잭과 콩나무에서처럼 잠든 거인이 깰까 봐 두려워 '제발 자고 있었으면....'하고 문 앞에서 기도하고 들어갈 때도 많았다. 그러나 우리를 감시하는 보호자 또한 24시간 잠들지 못했다. 게다가 그 보호자의 요구 사항은

갈수록 더 많아졌다.

1. 주사를 줄 땐 보호자가 수첩에 적는지 확인해야 한다.
2. 정확한 시간을 지켜야 한다.
3. 처치하고 나서 보호자가 해놓은 그대로 해놓아야 한다.

⋮

시간이 점점 지났고 규칙들이 늘어갔지만 우린 하나씩 그 루틴들을 지켜줬다. 환자가 가진 부착장비는 어마어마했다. 격리실에 인공호흡기 기계에다가 수액 펌프기(정확한 속도로 약물을 주입하기 위한 장치) 모니터링 기계, 중심 정맥관, 소변줄 등등 환자에게 하나의 처치를 하려면 30분에서 1시간 흘러가는 것은 문제도 아니었다.

우리는 한 환자에게 30분 이상의 시간을 할애하는 것은 개미지옥에 갇혔다고 표현한다. 그렇게 생각하면 안 되지만 누군가가 병과 치열한 다툼을 하는 그곳을 개미지옥이라 말한다. 격리방은 간호사에게 개미지옥이다. 더욱이 보호장비를 착용해야 하고 한번 들어가면 나오지 못하는 그곳이기에.

정말 바쁠 때 보호자의 규칙을 하나씩 놓칠 때면 굴욕적인 사과를 하며 이 관계를 억지로 지켜가기도 했다. 그러나 어쩔 땐 무리한 신념을 보호자가 요구했다. 자신이 원하는 대로만. 내 생각과 그의 생각이 다를 땐 보호자의 목소리를 들을 것인가, 자신의 신념을 밀 것인가, 절충할 것인가. 그러나 의학적으로 용납이 안 되는 경우는 타협할 수 없었다. 그럴수록 보호자와 관계는 더 안 좋아졌다.

보호자의 엄격한 잣대, 지치는 감정....

주위 세계는 담이 하나씩 쌓여만 간다.

때론 환자 자체보다는 보호자로 인해 고민이 되기도 한다. 그러나 간호의 대상은 아픈 환자뿐만 아니라 가족도 포함된다는 것.

《한국간호사 윤리지침》 제15조에는

『(가족 참여 존중) 간호사는 간호 대상자의 가족을 간호의 동반자로 인정하고 그들의 참여를 존중하여야 한다.』

라고 나와 있다.

나는 근데 개미지옥에서의 벽은 허물진 못했다. 그러나 환자를 잘 돌보고자 하는 마음이 통하면 벽도 언젠가는 허물어지지 않을까?

5. 간호사가 제일 만만해요?

의사는 병을 고치고 간호사는 환자를 돌본다. 간호사의 역할은 신체적으로 정신적으로 사회적으로 영적으로 돌봄을 제공하는 사람이다. 환자가 육체적으로 느끼는 고통뿐 아니라 그가 가진 정신적 고민들까지 느낄 수 있어야 하고 바위처럼 묵묵히 옆에서 지켜주며 그들의 요구를 수용해주어야 한다.

의사는 환자에게 병에 대한 이야기, 남은 기대여명의 말을 하고 치료를 하는 직업이다. 간호사라면 의사의 그런 말을 들었을 때 환자의 곁에 있으면서 마음에 난 상처를 돌봐주어야 한다. 또한 간호사도 어떤 약물을 투여하고 처치를 하는 데 있어 환자에게 위해를 초래할 경우에는 법적 책임도 가진다. 그러므로 의사가 내린 처방이 정확하지 않다고 판단될 때, 그 지시가 합당하지 않다고 생각할 수 있는 분별력이 있어야 하고, 언제 의사가 환자를 봐야 되는지에 대한 정확한 시기도 말해줄 수 있는 현명함도 필요하다.

그런데도 안타깝게도 의사 중 '일부'는 의사와 간호사는 각자의 역할이 있는 다른 직업 종이 아니라 간호사가 의사들 발밑에 있다고 생각하는 의사들이 존재한다. 우리가 내는 이런 목소리에 대해서도 못마땅하게 여긴다. 우린 아니라고 생각하면서도 막상 일하는 환경에서 이런 현실을 마주하게 되면 허탈감에 빠지기도 한다.

간호사와 의사는 다른 직업이다. 모든 직업은 각각의 역할이 있다. 간호사는 의사가 되지 못한 사람들이 차선책으로 선택한 직업이 아니다. 앞으로 간호사가 의사 발밑에 있다고 생각하는 의사가 있다면, 그는 인간이란 존재가 직업이 가진 외적인 조건에 대해서만 형성된다고 보는 사람이다. 그 또한 다른 권력을 가진 사람이나 더 똑똑한 누군가가 나타났을 때 그 사람의 밑에 자신이 존재한다는 생각을 품고 있는, 스스로를 깎아내리는 사람일 것이라는 생각이 든다.

만약 그런 의사에게 치료를 받고 있는 대상자가 농부라면? 청소부라면? 아니면 간호사가 환자로 입원을 하게 된다면? 발밑에 있는 사람으로 생각하는 건 아닐까? 우린 그냥 의사와 간호사, 직업이 다르고 하는 일이 다를 뿐이다.

한편 간호사의 정서적 지지가 필요한데 받아들이는 환자 입장에서도 돌봄 제공자인 우리보다 의사가 와서 뭔가 해주기를 맹목적으로 더 바라는 경우도 종종 있다.

폐암으로 자신이 죽을 것 같다고 생각한 불안한 환자. 본인이 죽을 것만 같다고 했다. 어제와 다른 느낌이라고 말했다. 임종을 준비해야겠단다. 그에겐 곁에 있는 가족도 없었다. 의식은 명료했다. 임상 수치도 괜찮았다. 불안감에 계속 의사를 찾았다. 의사는 이미 그를 보고 간 상태였다. 3분마다 간호사 호출 벨을 눌렀다. 의사를 또 불러 달라고 했다. 자신이 바라보는 믿음의 대상이 의사인데 불안감을 가진 환자에게 24시간 붙어 있을 수 있는 대한민국의 의사는 존재하지 않았다. 당직이면 그도 다른 수백 명의 환자를 봐야 했기 때문이다.

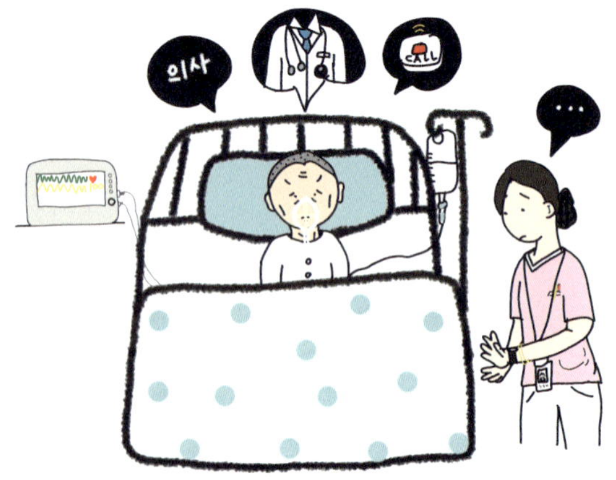

더 서운했던 건 막상 우리가 환자에게 다가가면 간호사는 필요 없다고 말한 점이다. 의사를 무조건 불러 달란다. 그날 많은 고민을 했다. 환자와의 정서적 지지를 담당하는 간호사임에도 불구하고 정서적 지지를 제공해주지 못할 때의 답답함을 아는가? 그게 더욱이 내가 아닌 다른 대상의 의사로 인할 때는 어떤 조치를 취해야 하는지?

6. 태움

한국일보의『간호사 면허 소지자, 절반은 병원 등졌다』는 기사를 접했다. 고령화로 국내 요양기관의 병상 수는 OECD에 비해 7배가 증가했는데 간호사 면허를 가진 간호사들의 절반이 의료기관이 아닌, 다른 곳에서 일하거나 집에 있는 것으로 집계가 됐단다. 이것의 원인 중

하나는 교대 근무와 '태움 문화'라고 하며 이것이 병원을 등지는 주된 이유로 꼽는다고 했다. 태움이 문화라고 말하다니.... 태움은 꼭 겪어야만 할 일인가?

사람 사이에 관계에 있어서 기분 상할 일은 늘 어딘가에 존재한다. 나 또한 그랬으니까 말이다. 무수히 많은 사람들을 만나고 사람과 함께 일하는 곳이기에 기분이 상하는 일은 많다. 일상적으로 빈번하게 불합리하다고 말하는 것은 상명하달의 체계이다.

어떤 날의 기억을 되짚어본다.

잘 걸어다니던 환자가 급격히 안 좋아졌고 병동은 정신없이 바빴다. 뒤 근무 번에 대한 예의도 알고 있고 간호사라면 누구나 같은 힘든 일을 하기 때문에 서로를 챙겨 주는 것도 당연하다. 그러나 일부의 어떤 사람은 그렇지 않을 수 있다. 일하면서 겪었던 어떤 선배 간호사는 바쁜 병동에서 교대를 안 해주고 1시간이 넘게 라운딩하며 혈소판이 떨어진 환자에게 수혈을 하지 않았단 이유만으로 아직도 수혈을 안 하고 뭐 했냐고 내게 쓴소리를 내뱉으며 태웠다. 열이 나서 시작을 못했다고 인계를 했는데 그 일이 고스란히 자기 몫으로 떠맡게 되는 게 싫었나 보다. 환자가 우선이 아니라 일 중심으로 자신에게 그 일을 던져줬다는 그 느낌 때문에 그는 내게 모진 말들을 쏟아부었다. 어떤 날은 내 사물함에서 유니폼을 꺼내 입고 나서 빌려 가겠다고 말한 뒤 돌려주지 않은 일도 있었고 자신이 해오던 일을 떠넘기는 일도 있었다. 한 선배는 내가 쉬는 날에 전화를 해서는 내가 카운트하지 않았던 다른 병동의 물품이 없어졌다며 자신의 화를 내게 풀기도 했다.

우리의 적은 우리 내부에 있다.

나 또한 위를 쳐다보면서는 불합리에 대해 불만을 품고 있지만 아래를 보면서 관행이라고 말하고, 내가 너였을 땐 이 일을 내가 했다고 말하는 꼰대 짓을 하고 있었다!

태움은 꼭 겪어야만 할 일인가? 환자의 생명을 다루는 일이기에 꼭 엄해야 하는 것인가? 이러한 분위기는 누구에 의해서 변화되어야 하는가? 반대로 아무런 경각심 없이 일하는 후배 간호사를 볼 때면 가끔 섬뜩할 때도 있다.

인력 부족도 태움에 한몫을 한다.

사실 후배 간호사들을 가르치면서 일을 해야 하지만 내 환자들 간호하느라 그럴 여력이 없다. 그런데 후배 간호사가 생명에 대한 존엄함 없이, 얼렁뚱땅 일을 해버리면 그게 또 그렇게 화가 난다. 오히려 큰 실수들을 그냥 아무렇지 않게 넘어가면 신규가 나중에도 그 부분을 신경을 안 쓰는 경우도 많다.

불현듯 나를 힘들게 했던 한 장면이 떠오른다. 독립한 지 6개월이 넘는 신규간호사 때문에 환자가 머리끝까지 화가 나서 갑자기 집에 가겠다고 옷을 갈아입었다. 폐렴으로 항생제 치료가 꼭 필요한 환자였는데 그냥 다짜고짜 가겠다고 했다. 영문을 모르는 상태에서 자초지종을 들었고 그에게 이런저런 설명을 했음에도 불구하고 그는 도저히 화가 나서 못 참겠다며 집에 가겠다고 했다.

신규간호사의 잘못이 분명 있긴 했지만, 너무나 완고한 환자에게는 어떤 설명도 통하지 않았고 나는 결국 눈물을 뚝뚝 흘리며 빌고 빌었다. 그러나 그것조차 소용없는 일이었다. 나는 그 상황이 감당이 안 됐다. 신규간호사의 실수가 없었더라면 환자가 화를 내지 않았을 거다. 실수가 없었다면 의사에게도 알리지 않아도 됐었다. 그럼 내가 환자, 의사에게 싫은 소리를 듣지 않아도 됐다. 그래서 화가 나서 신규간호사에게 모진 말로 상처를 줬다.

"너 때문에 그래! 너 때문에 내가 이런 책임을 맡는다는 것이 말이 되냐? 네가 잘하면 내가 이런 일을 겪지 않아도 되잖아!"

그러나 모진 말을 내뱉고도 기분은 좋지 않았다. 후회도 생겼고. 그러나 이것이 꼭 누구나 겪어야만 할 일인가?

나 또한 이렇게 누군가에게 질책을 하며 또 다른 경우

에는 나의 감정들을 납득이 안 되게 쏟은 경우도 많았다. 아님 부당한 요구를 누군가에게 하고 있었다. 모든 회사나 비슷하다. 개인의 희생을 필요로 하고 정도의 차이가 있을 뿐 조직문화에서 관료적 체계는 존재한다. 그러나 그 조직이 변화되려면 그 조직을 바꾸려면 내 손으로 내가 개선해야 한다고 알고 있음에도 왜 내가 그 희생자가 되어야 하냐고 반문한다. 그럼에도 나는 우리 간호사 세상이 변하기를 바라는 사람이었다. 하지만 그 일을 나에 의해서 바꾸는 것은 억울한 심정이 든다는 생각을 품고 있다. 나는 안 그랬는데 내가 왜 대접받지 못하고 너희들을 위해서 이래야 하는지 불만을 품는 속이 좁은 간호사이기에 말이다.

편히 그저 조용히 튀지 않고 아무것도 안 하는 사람이 먼저 기회의 흐름을 타고 먼저 올라가는 것이 우리 사는 세상 같지 않은가? 가만히 있고 더 많은 일을 떠맡는 바보가 되지 말라고 다짐하기도 하니 말이다. 윗선배로부터 겪지 않고 싶었을 일들을 똑같이 후배들에게는 하라고 시키고 있다면 나는 그들과 똑같은 사람이다. 그렇지만 환자의 생명을 다룸에 있어 언니-동생 간의 유대감을 맺는다면 어떤 사건들은 눈 감아주거나 은폐되지 않을까?

우린 우리가 바라보고 싶은 대로 볼 때가 있다. 시간이 지나면 진실은 밝혀지겠지만 오해로 인해 그 한 사람이 낙인찍히는 경우도 많이 봤다. 편견에 의한 상처는 오로지 당한 사람의 몫이다. 누군가를 자신이 보고 싶은 부분만 볼 때가 있다. 인생의 드라마 속에 주인공이 된 본인은 모른다. 타인이 진짜 나를 어떻게 생각하는지 모든 상황에서 알지 못한다. TV 세상에서 모든 상황을 지켜보는 시청자만이 그 오해와 그로 인한 사건을 목격한다.

사람과의 만남에서도 오해는 존재한다. 자신이 말로 표현한 이야기도 표현방식에 따라, 받아들이는 사람의 정서에 따라 어긋나는 사람이 있고 거기에 상처받아 괴로워하는 사람이 있다. 객관적이지 않은 시선이 있고, 그 시선에 따라 편견과 낙인도 있다. 나도 누군가를 바라볼 때 내 세계관 안에서 바라본다. 어느 날, 이런 편견에 의한 사건을 주변 인물로부터 목격을 하니 내 세계관에 따라 두는 시선이 얼마나 위험한지 알게 되었다.

그러나 아직도 나는 내가 받아들이고 싶은 것만, 내가 보고 싶은 것만 본다. 나와 비슷한 사람을 좋아하고, 부러운 사람을 시기하며, 나와 다른 생각을 가진 사람은 그냥 싫다. 그러나 그렇게 봄으로 해서 누군가를 이상한 사람 취급하지 않았는지 거울을 보는 오늘이다. 태움이, 환자의 생명을 대하기 때문에 그리고 인력이 부족해서 생긴 문제점이기는 하나 정도가 심한 것은 문제다. 그것을 문제로 받아들이는 것, 바로 그 변화는 나로부터 시작해야 하는 것이다. 우리 서로 그만 아파도 되지 않을까?

태움이 꼭 겪어야 할 일이었는가?

7. 신규간호사야, 나도 힘들어!

간호사는 연차가 쌓일수록 일이 수월해지는 게 아니다. 각 연차마다의 역할 차이가 있을 뿐 어느 누구도 어느 위치에서 수월한 위치는 결코 없음을 깨닫는 요즈음이다.

윗사람의 자리가 모진 말을 많이 내뱉고 싫은 소리는 안 들어도 되는 그런 항상 편한 자리는 아니다. 사람들은 편하고 넓은 자리를 차지하길 원한다. 그냥 위에서 말 한마디만 하면 되니까 말이다. 그러나 그 자리에는 책임감이 존재한다. 물론 그 넓은 자리에 앉아만 있는 사람들도 있다. 우리는 높고 넓은 자리에 앉고 싶어 하면서도 그런 책임을 회피하는 경우가 있다. 그러나 그렇지 않은 사람, 즉 정말 아닌 것에 대해서는 당당히 옳은 말을 할 줄 아는 사람을 볼 때 내가 생각했던 넓은 자리가 이런 자리구나 하는 생각이 든다.

여자 군대로 불리는 간호사 집단에서는 연차로 다 해결한다는 말이 있을 정도니 일 하나를 주고받음에도 배려가 없으면 마음 다칠 일이 많은 곳도 이곳이다. 그러나 실제로 감당하지 못한 일들이 터지면 윗사람의 역할은 막중하다. 중간도 각자의 고충과 역할이 있다. 그래서 한 번씩 신규에서 중간 연차로 또 위 연차로 도약할 때마다 몇 배의 에너지와 높은 산들이 존재한다.

신규도 신규 나름대로의 고민이 있을 것이다. 여러 가지 업무가 주어졌을 때, 어떤 일이 우선인가를 결정하는 데도 어려움이 있다. 이론과 실무를 통합하고 최소한의 간호 수행이 숙달될 때까지 적응기간도 필요하다. 환자, 보호자 등 대상자의 요구를 들어줘야 하지만 그들의 능력 밖의 일이 주어지면 그 부담감이 얼마인지 생각도 해본다. 나도 '신규'라는 무게를 견뎠으니까. 이들은 전공 공부만 급급하게 해와서 일을 배우는 것만도 벅찬데 그 밖에 그들이 들고 있는 무게는 얼마나 무겁겠는가?

그러나 그렇게 무거운 일을 든 신규간호사들보다 큰

혹덩어리를 가지고 다니는 간호사도 있다. 주어진 내 업무가 꽉 차 있음에도 모든 책임은 일을 막 시작한 신규가 아니라 경력이 높은 간호사에게 돌아온다. 사람들은 숙련된 사람을 원하고, 그래서 더 많은 일을 한다. 실수를 줄이기 위해 신규간호사의 실수를 채로 걸러야 한다. 사람이기 때문에 실수는 어디선가에서 발생한다. 그 몫을 수습하는 건 윗연차이다. 그리고 그 실수의 원인은 윗연차가 보지 못한, 챙기지 못한 미흡함에 책임이 가해진다. 숙련될 때쯤에도 그 무게는 줄어들지 않는다. 결국 어느 연차에도 무게감이 줄지 않는 일터가 간호사가 사는 세상이다.

8. "뭐 읽을거리 없슈?"

매번 병실 라운딩을 돌 때마다 뭔가를 읽고 있는 환자가 있었다. 그는 80이 넘는 노인이었다. 그는 누군가에게 읽어달라고 하면 그만인 책을 인상을 찌푸려가며 읽고 있었다. 안경을 쓰고도 돋보기로 보면서까지! 뉴스로 보면 수월할 신문도 돋보기를 움켜진 손을 부지런히 움직여가고 있었다. 알고 보니 그는 정년을 마친 선생님이었다. 나이와 상관없이 그는 무언가 끊임없이 읽을거리를 찾았다. 신문, 잡지, 책 등.

어느 날 그는 간호사실에 나왔다.

"뭐 읽을거리 없슈?"

후배 간호사가 이 말을 듣고 뭔가 두리번두리번했다. 병동엔 읽을 책 하나 없었다.

"병동엔 마땅히 읽을 게 없네요. 근데 한 번 더 찾아볼게요!"

후배 간호사와 나는 그의 손에 뭔가 쥐여주고 싶었다. 그리고 그때 발견한 것은 병원 소식지뿐이었다. 조금은 기뻤다. 읽을거리를 좋아하는 그 할아버지에게 뭔가 줄 수 있다는 기쁨 때문에. 그는 흔쾌히 받아들고 병원 소식지를 읽어갔다.

문득 그의 나이에도 무언가 끊임없이 읽을거리를 찾는 그의 열정이 나는 본받고 싶어졌다. 내가 하는 일이 끊임없이 공부를 해야 하는 일임에도 불구하고 그냥 그런대로 해결이 된다는 무의식적 오만함이 나를 찾아왔다. 게을러서다. 쉬는 날이면 그냥 그저 누워서 욕창 날 때까지 잔다는 우리들의 일상과 그의 행동은 달랐다. 그 할아버지는 평생 배운다는 일념을 가졌고, 읽는 습관이 아무렇지 않은 일상이라는 게 내게 충격으로 다가왔다. 아무것도 안 하지만 격렬하게 아무것도 안 하고 싶어 하는 나의 일상을 거스르는 자극제가 되었다. 일이 힘들면 그냥 욕창 나도록 절대 안정하면서 가만히 누워있어야만 했던 것일까. 반성해보았다.

마땅히 대학생 때 꿈꾼 간호사의 이미지는 이런 것이었다. 전문직으로서 끊임없이 저널을 찾고 근거중심의 간호를 하면서 일과 외에도 공부를 하며 자기를 발전시키는 직업. 얼마나 매력적이지 않은가? 그럼에도 나는 익히 하던 대로 일을 해가고 세상과 타협하고 또한 현재의 나와 타협을 하고 있으면서 배움을 놓았던 그런 간호사가 되어 있었다. 일이 끝나면 힘들어서 자고, 지쳐서 자고, 귀찮아서 자고, 내일을 위해 자고, 그런 그냥 자기만 하는 간호사 말이다.

영화《나의 소녀시대》에 나의 마음을 울린 대사가 있다.

『현재 스스로의 모습을 좋아하시나요?

어른이 된 우리는 살기 위해 세상과 타협을 쉽게 하게 되죠.

몰라볼 정도로 바뀌기도 하죠.

가끔은 꿈 많고 순수했던 그때가 그립지 않나요?

그때 당신의 모습은 여전히 남아 있나요?』

처음 시작 때와 같이 순수한 모습은 남아 있는가? 아

닐 것만 같다. 지금은 익숙함이 나를 타성에 젖게 하고 그런 일 속에서 이상한 어른이 되어가고 있다.

《월든》이란 책에서는

『이제 막 소꿉놀이나 하면서 인생을 배우는 어린아이들이 어른들보다 인생의 참다운 법칙들과 관계들을 더 명확하게 분간해간다. 어른들은 인생을 가치 있게 살지도 못하면서 경험에 의해서 바꾸어 말하면 실패에 의해서 자기들이 아이들보다 더 현명하다고 생각하는 것이다.』

《월든》, 헨리 데이비드 소로, 은행나무, 2011

라고 말한다. 이 글을 읽고 관행이란 단어를 떠올렸다. 익히 위에서 하던 대로의 행함이 당연한 것처럼 받아들이는 것. 모든 이유가 정당화될 것 같이 당연시하는 태도. 위를 쳐다보면서는 불합리에 대해 불만을 품기도 했지만 사실 나는 아래를 보면서는 관행이란 이름을 대며 변명하는 이상한 선배 간호사가 되어 있었다. 현재 맞는다고 행하고 있는 것은 시대의 가치에 따라 다시 바뀌고

틀린 것이 된다. 우린 가치가 절대 변하지 않을 거라는 믿음을 버려야 한다. 그리고 진짜 변하지 않는 가치를 찾는 혜안을 길러야 한다.

25세가 되면 뇌가 다 자라서 자리 잡기 때문에 자신이 믿는 신념들을 고수하려는 것은 정상이다. 같은 생활을 반복하다 보면 그냥 경험에 의해 일이 돌아가니까 자신의 생활에 안주하게 된다. 갓 대학에 입학하고 처음 스타벅스 문을 열었을 때 – 그땐 그 문을 들어가는 것이 큰 어려움이었다. 정장 입은 사람들에게서 느껴지는 뭔가 보이지 않는 아우라 때문이었다. 지금 와서 생각해보면 아무것도 아닌 것이 왜 그땐 그리 커 보였는지, 그냥 단지 카페였다는 걸 지금 와서 느끼다니 말이다.

나이를 먹으면서 자연스럽게 알게 되는 것들이 있다. 스타벅스 문을 여는 것 같이 처음엔 두려운 일들이 그냥 아무것도 아닌 것들이 되는 즈음 나도 어린 왕자가 말한 정말 이상한 어른이 되었다는 것을 실감한다. 두려운 일들이 수월한 것들이 되어버렸다는 것은 정말 이상한 간호사가 되었다는 게 아닐까.

우리 간호사 세계도 많은 일들이 존재한다. 후배를 가르칠 때 '선배가 이렇게 하래. 이렇게 해왔으니까! 이상해도 그렇다고 알고 있어. 알고 있으면 되는 거야.'라고 이야기한다. 지식이라는 것은 수많은 연구들이 만들어낸 결과들에 의해서 나날이 발전한다. 과거에 믿었던 것들이 오늘은 그게 정답이 아닐 수 있는 많은 일들. 오늘의 지식을 접한 사람과 어제의 지식을 접한 사람과의 거리는 항상 존재한다. 예를 들어 구강으로 음식물을 섭취할 수 없는 대상자에게 실시하는 경관영양의 경우 식사 주입 전 위잔류량을 확인하는 것으로 배워왔다. 그러나 현재 미국정맥경장영양학회 (ASPEN, American Society for Parenteral and Enteral Nutrition) 2016년 가이드라인에는 위잔류량은 의미가 없으니 재지 말고, 양상 관찰을 하라고 되어 있다. 그러나, 아직 병동에서는 위잔류량이 100cc 정도면 소화가 되지 않은 것으로 판단해, 의사와 상의해서 식이를 진행할지 말지 결정하는 경우가 대부분이다.

이렇게 조직에서 받아들이는 지식의 규율들....

우리가 익히 해왔던 일들도 그냥 관행대로 내려오는 것은 없는지 생각해보는 오늘이었다.

9. 운전과 간호사

병원에서 일하고 있는 8년의 시간 동안 간호사로서의 운전 감각은 점차 나아지고 있다. 감각은 나아지며 많은 경우는 아니지만, 환자와의 정을 부여잡고 일하기도 한다. 소소한 기쁨으로 즐거웠던 기억도 내가 느낀 감정이니까. 가끔씩 한 번이지만 이렇게 웃게 해주는 환자를 보며 감사하는 마음도 있다.

호흡기계 치료로 분무 요법을 하면 입병(아구창)이 난 사람을 많이 본다. 아무렇지 않게 음식을 먹고 있는 과정은 이런 누군가에게 어려운 일이 될 수 있다. 꿀꺽 음식을 삼키는 과정에서 삼킴 반사가 일어난다. 이런 삼킴 반사에 문제가 생기면 연하장애가 생기는데 이런 과정에서 이물질을 밖으로 밀어내는 기침반사 능력이 떨어지면 종종 흡인성 폐렴이 생긴다. 내가 일하는 이곳은 노인이 많기 때문에 흡인성 폐렴이란 진단명으로 입원하는 사람이 숱하다. 차별까지는 아니지만, 사람인지라 그래도 유독 눈이 가는 사람이 있다. 호흡기계 환자는 기침과 흉부 물리요법, 심호흡이 중요하다. 가장 기본적이지만 기능이 떨어져 있기 때문에 간호사가 가래 배출을 돕는 석션 말고도 기침 교육도 중요하다.

이 할아버지는 "기침해보세요."라고 하면 말로 "기-침."이라고 내뱉는다. "콜록콜록 하세요."라고 하면 말로 "콜-록." 내뱉는 할아버지이다. 구강상태를 관찰하기 위해 "아-" 하고 메롱을 하라고 하면 혀를 보여주는 게 아니라 "메-롱."이라고 귀찮은 듯 단어로만 읊을 뿐이었다. 이 할아버지는 요새 나에게 소소한 웃음을 준다.

간호사로서의 처음은 어땠을까? 첫 마음과 감정은 어

땠을까? 간호사 생활을 거듭할수록 지치고 힘들어서 나만 보게 되고 환자에게 애정어린 시선을 두지 않게 되었는데, 그땐 많은 환자에게 정을 주는 사람이었을까? 사는 지역으로 어떤 끈이라도 찾고 싶었던 그때, 어떤 일을 처음 시작할 때의 마음이라....

우린 왜 지금이 숙련되고 익숙해서 편한데도 처음 그 순간을 기억하려는 것일까? 우왕좌왕했던 그때인데 말이다. 한 땀 한 땀 삐뚤어지지 않게 익숙하지 않은 바느질을 해가던 그때 그 시절, 그 순간, 그 마음이 그리운 것이겠지. 처음 시작의 설렘이 있고 시작하려던 순간엔 변치 않으려는 다짐들....

운전을 처음 했던 기억을 떠올린다. 면허증을 따서 등록하던 날. 그리고 필기시험에 합격한 날. 그리고 실기시험을 위해 연습했던 일련의 시간들, 도로 위에 던져진 두려움. 그러나 그 옆엔 운전대를 잡아주는 강사가 있었다. 다른 사람의 안전을 위협하지 않게 도로 위에 던져진 초보자를 제어하기 위해서 말이다. 그리고 그 뒤에 면허증을 딴 일까지의 기억.

간호사로서의 면허증을 받던 순간도 떠오른다. 그 뒤에 면허증을 받고 이제 병원이란 현장에 막 던져진 느낌. 보조석에서 탔던 차와 운전석에서 탄 차 안에서의 시야는 확연히 다르다. 달리고 있는 차 안의 선이 삐뚤어진 것 같은데 그게 정중앙으로 달리고 있는 것이었다. 옆에는 보지도 않고 앞만 보고 가는 좁은 시야, 주위를 돌아볼 시간은 없었다. 그리고 신호도 신경 쓸 겨를 없이 굉장히 빠르게 가고만 있는 것처럼 느껴지지만 알고 보면 뒤엔 차가 없는 씁쓸한 현실을 마주할 때도 있었다. 그 도로 위에 제일 느린 차였다는 것을 깨닫는 순간 말이다.

초보운전자와 간호사로서의 처음은 두려움과 불안의 시기였다. 운전을 배웠다고 해서 모두가 운전을 능숙하게 하는 것은 아니다. 병원에 처음 가서 교육을 받으면서는 앰플에 담긴 약물을 조제할 때 손이 베일까 봐 두려워서 시도하지도 못했다. 졸업해서 현재까지 병원에서 근무를 했지만 아직도 내가 해보지 못해서 두려운 일도, 해보았지만 무서운 일들도 많다.

운전대를 잡고서도 흔들릴 때가 많았다. 방향등을 켜고 옆으로 다가간 것 같은데 나보고 빵빵거리는 사람들을 보면 이해가 안 갔다. 또는 뭣모르고 한꺼번에 두 개의 차선을 넘나들 때 지나가던 차들이 뜨거운 시선을 보낸 적도 있었다. 멀쩡히 가다가 후진을 해서 뒷차를 당황스럽게 만들기도 했던 날들도 있었다.

간호사 면허증도 운전면허증과 비슷한 점이 많다. 운전을 잘 못하여 다른 사람의 생명에 영향을 줄 수 있다는 점, 나 한 사람 제대로 운전한다고 해서 모두가 안녕한 것은 아니라는 점이 말이다. 도로 위는 안전한 환경이 조성되어야 하고, 마땅히 안전한 자동차도 있어야 하고, 자동차들은 정기점검도 받아야 하고, 운전자뿐 아니라 보행자도 찻길을 조심해야 안전한 세상이 된다. 또한 일련의 도로규칙을 배우고, 신호를 지키고, 규범 안에서 움직일 때 모두가 안전한 세상이 될 수 있을 것이다.

지금 나는 간호사라는 면허증을 가지고 간호라는 운전을 하고 있다. 간호사 운전자로 목적지에 무사히 도착하기 위해 – 가끔씩 감정 충돌이 일고 고민하는 문제도 많지만 – 지켜야 할 가치들을 고수해 나간다면 내가 운전하고 있는 이 길의 목적지 또한 아름다울 것이라 믿는다.

10. 아낌없이 주는 나무

사람의 마음을 움직이고, 더러운 것을 덮어주고 막아주는, 따뜻한 간호사가 되겠다는 다짐. 학생 때는 많은 것을 주리라고, 기꺼이 주겠다는 다짐을 했지만 지금의 나는 왜 그때의 마음이 없는 걸까? 그 이유는 항상 뭔가를 받길 바라는 마음 때문은 아니었을까? 항상 누군가에게 무엇인가 줘야만 한다는 의식에 사로잡힌 직업. 무수히 많은 것을 주고 더 많은 질책을 감내해야 하는 직업. 간호사.

"현선아, 엄마 기운 없고 요새 힘들다."

"엄마! 나한테 아프다고 말하지 말아줘. 환자한테 그런 말을 너무 많이 들어서 가족한텐 그런 말을 듣기가 싫어!"

"……."

"그런데 엄마, 김 모 의사가 얼마나 이기적인 줄 알아? 내가 말하는 건 들은 척도 안 해. 내가 말하는 게 다 환자에 대해서 말하는 거잖아. 근데 들은 척도 안 해 엄마. 그냥 자기 필요할 때만 와서 해 달라고 해. 그냥 안하무인이야. 허공에 대고 말한다니까. 그게 얼마나 민망한 줄 알아?"

"너도 엄마가 아프다고 말하면 듣기 싫어하는 것처럼 그 의사도 너무 많은 일에 지쳐 있는 거지."

할 말은 없었다. 나는 항상 지쳐 있었으니까. 누군가를 수용할 수조차 없었다. 그저 묵묵히 들어 주는 것조차 힘들었다. 그래서 가족이 힘들어할 때 따뜻한 말 한마디 내뱉지 못할 정도로 벅차 있었다.

아픈 사람은 남을 돌볼 여건이 안 된다. 나 스스로도

지키기 벅차니까. 나 또한 무수히 아팠고 감당이 안 되는 감정이 일 때 남을 생각하지 않았다. 그런데도 아픈 사람에게 많은 것을 바라기만 했던 태도에 대해 생각해본다.

나의 아픔도 봐줬으면 하는. 누군가에게 바라기만 했던 시간들, 누군가 나를 봐주길 바랐던 마음, 그리고 누군가 나를 도와줬으면 하는 생각.

왜 이렇게 지쳤던 걸까? 남에게 기꺼이 나를 줄 수 없을 만큼. 간호사가 유독 지칠 수밖에 없는 이유는 우리가 아낌없이 주는 나무이기 때문은 아닐까?

간호사라는 직업은 환자들을 위해 많은 일을 한다. 할 수 있는 일도 범위가 넓다. 노인에게 버스 자리를 양보한다면 간호사로서의 마땅히 해야 할 일들은 버스 자리를 내주는 것뿐 아니라 노인과 대화를 하고, 벨 누르는 것도 설명하고, 짐을 내려주고…. 우리에겐 그런 세세하고 자잘한 것까지 해당된다. 그런 과정에서 자연스럽게 보람을 느끼고 기쁨으로 이어져야 할 텐데 안타깝게 그런 기쁨을 누리지 못했다. 그저 마냥 지친 간호사였다.

지침으로 인해 나타났던 이기주의는 이런 것을 보여주는 게 아닌가 싶다.

인간은 사랑받고 싶은 욕구가 강하다. 그러나 간호사라는 직업은 이런 일들을 했음에도 불구하고 당연한 일을 한 것이니까 매번 사랑받을 수 없는 직업이다. 원칙대로 했어도 최선을 다했어도 보이지 않는 일. 누군가의 기대를 다 충족시켜 줄 수 없는 일. 타인을 향하는 직업.

누군가에게 뭔가를 줘야만 한다는 의식에 사로잡힌 직업. 항상 뭔가를 줘야만 한다는 강박관념 때문에 더 지치는 것일 수 있다. 더욱이 어떠한 선행을 베푸는 것은 당연함 속에 나오는 것이기 때문에 더 지칠 수 있다. 칭찬을 받기 위해 선행하는 것도 아니고, 무언가를 대가로 받으려 한 것도 아니지만. 그렇기에 매번 어떠한 것을 주지만 이것이 계속 반복되다 보면 사람이기 때문에 지칠 수밖에 없는 것이 당연하다. 그러나 우리들이 배워온 바, 그리고 직업윤리 때문에 항상 감정의 충돌은 일어날 수밖에 없었다. 지치는 것은 당연했다.

지침을 벗어나고자 간호사와 관련 없이 다른 것을 끊

임없이 찾았던 나였지만 그런데도 해결되지 않고 계속 반복해서 지쳤다. 그것은 어쩌면, 변화하려 하지 않고 가지지 못한 물건들을 계속 사려고만 하는 나의 태도 때문은 아닐까?

나는 갖지 못했던 것들을 사고 싶어 하는 욕망을 가지고 있다. 항상 내 삶에서 불행에 시선을 맞추고 살아간다. 왜 예쁘지 않을까? 왜 감정적인 걸까? 왜 두려움이 많을까? 왜 사회성이 없을까? 왜 친구가 많이 없을까? 왜 간호사를 하고 있을까? 왜 가난한 집에서 태어났을까? 왜 돈을 누구만큼 못 버는 걸까? 왜 운이 없어 경품에 당첨되지 않을까? 부재의 불행에 대해서만 시선을 두고 인생을 살아왔다. 달라질 것 없는 조건에만 삶의 질을 논하고 있었다. 어떻게 살아야 하는지에 대한 성찰 없이 조건에 대한 불만만을 얘기하곤 했다. 이런 것은 항상 나의 마음을 불행하게 만들 뿐이라는 걸 알면서 매번 이렇게 살아오고 통제하지 못했다. 속이 좁기 때문에 남에게 충분한 사랑을 줄 수 없구나라는 생각이 들기도 했다. 부재의 불행에 시선을 두지 않는다면 누군가에게 모두 너그러운 사람이 될 수 있지 않을까? 그러면 이렇게 고민하지 않아도 되니 말이다. 원하는 삶을 살지 못하고 부재에 대해서 욕망을 갖고 있는 것이 오히려 더 지치게 했을 지도 모른다.

물건이 없으면 갖고 싶다는 욕망이 생긴다. 그런데 막상 그 물건을 갖고 나면 그것에 또 길들여지고 익숙해지기 때문에 금방 질리게 된다. 또 다른 물건으로 시선이 향한다. 예전부터 원했던 전문직으로서의 간호사와 간호사로서의 다짐은 막상 간호사가 되고 나서 그것에 길들여지고 익숙해졌기 때문에 질려버린 건 아닐까?라는 생각을 잠시 해본다. 그런 익숙함 속에서 매번 간호사답지 못한 간호사라고 생각했다. 매번 당황스럽게 하는 사건이 있을 때마다 바쁜 일이 있을 때마다 감정이 동요하고 아팠다. 힘들어 지친 나를 볼 때면 나를 나로서 세우는 것이 제대로 되지 않아서 그런 것 같기도 했다. 스스로가 하찮은 사람이라고 생각하면 모든 것을 거기에 합리화시켜서 더 하찮은 사람이 되었다. 그러나 그 시작이 나 스스로를 존경하고 변화시키면 지침을 극복하는 처방전이 된다. 내가 너를 도왔기 때문에 반드시 행복하고 풍요로워야 한다는 강박관념이 아니라 너 한 명이라도 도울 수 있기에 가치가 올라가는 것과 같은 그런 기분 말이다. 남을 도우면서 뭔가 뿌듯한 기분. 그와 덤으로 돈을 벌수 있는 직업이 간호사이지 않은가?

처음 시작할 때의 다짐.... 그것은 나로 인해 웃을 수 있는 사람이 단 한 명이라도 있다면, 내 직업에 무한한 보람을 느낄 수 있을 것 같았던, 그 마음으로 돌아가려는 변화 말이다.

이곳에서 존재하는 이유는 무엇인가?

나는 그들을 위해만 있는 것이 아니라 나를 위해서도 있는 것이다. 나의 생애 순간에서 나의 삶을, 나의 소명을, 최선을 다해 살았노라고 하는 그런 생각에서 말이다.

흔들리는 것은 많이 있다. 하지 않은 일에 모진 말을 들어 답답하기도 하고, 그저 착하고 아픈 사람을 보면 연민의 감정이 일기도 하고, 해야 할 많은 일들이 쌓여서 답답하기도 하고, 열심히 일한 것 같지만 다음 근무자에게 떠넘긴 듯한 일 때문에 동료에 대한 미안함이 출렁이는 감정도 있지만.... 간호사의 인생은 살아생전에 최선을 다하며 살았다고 스스로 느끼는 직업으로의 가치도 있는 것이다. 우리의 직업이 job이 아니라 calling인 것처럼 말이다.

간호사로 삶을 살든 아니든 어디에서나 삶은 치열하다. 그 치열한 세상 속에 나도 서 있다. 병원에서의 간호사를 우주에 비한다면 미물 같은 하찮은 존재이고 그것보다 더 작은 나는 아무것도 아닐 존재지만 당신을 위해, 당신만을 위해 존재하는 직업이기 때문에 이 땅에서라면 충분히 쓸모 있고 충분히 존중받아야 할 직업이지 않은가? 신으로부터 부여받은 일, 간호사 말이다. 무거운 짐들은 내려놓고, 아낌없이 주자.

Chapter 4

간호사, 완벽한 사람은 없다

1. 간호사

24시간 멈추지 않는 병원의 시계는 견딤의 소리, 서두름의 소리로 흐른다. 이 소리는 견딤을 성장으로 바꿀 수 있는 시간이자, 내가 살아있음을 느끼게 해주는 그 무엇이다.

감정이입으로 울기만 했던 어제도 있다. 환경으로 흔들린 적도 여러 번이다. 가끔 마음이 아픈 게 차라리 더 편안할 때도 있었다 – 그렇게 힘든 시기는 누구나 겪는다. 하지만 아픈 만큼 한 단계 더 성숙하고, 감정 근육도 커지고 있다. 반복으로 인해 나는 더 알아가고 있다. 반복으로 무뎌지는 것 또한 삶의 통찰력을 배우는 것이라 믿으며. 간호사로서 내 역할이 무엇인가도 다시 한 번 되뇌인다. 그렇게 간호사로 한발 더 나아가고 있는 중이다.

환자와 보호자, 의사, 병원 직원 등 많은 사람들과의 관계가 모두 다른 결을 갖고 있다 생각했지만 우린 같은 극의 사람이었다. 자석처럼. 같은 극을 마주 보면 밀어내지만 같은 방향의 자기장처럼 같은 곳을 향하는 사람들. 생명을 살리는 직업이지만 살리지 못하면 끈이 끊어지는 사람. 세상에서 더 나은 베풂을 주기 위해 움직이는.

나는 살아있고, 내게 살아있다 느끼게 만드는 일, 간호사를 한다. 나와 같은 길을 가는 누군가와 함께. 간호사로서 나아가는 중이므로 오늘도 나는 출렁인다.

2. 배려

우린 종종 "너한테 실망했어."라는 표현을 한다. "네가 그러지 않길 바랐는데 너도 그렇구나!" 습관처럼 달고 다니는 말이다. 사실 "너에게 실망이다."라는 말은 상대방이 굉장한 잘못을 했다고 생각하지만 좀 더 생각해

보자. 실망하는 사람은 나다. 그 기준은 당연히 나한테로 맞춰져 있다.

내가 원하는 완벽한 사람이란 존재하지 않는단다. 어떤 사람이 내게 선을 베푸는 것은 내가 좋은 사람이 아니기 때문이다. 늘 원하는 대로 맞춰주는 사람도 존재하지 않는단다. 그런데 늘 사람들에게 많은 기대를 했다. 이것을 이렇게 해줬으면.... 짜증을 내도 그 사람은 언제나 늘 웃음으로 선하게 대해줬으면 하는 그런 생각 말이다. 원하는 걸 늘상 사람들이 채워주지 않았기 때문에 실망을 했다. 근데 실망할 자격이 있을까? 문득 생각이 들었다. 원하는 사람을 만나려면 먼저 좋은 사람이 돼야 했다.

간호 업무는 연속성 있는 일이다. 인수인계로 이루어지기 때문에 내가 해야 하는 일도 시간이 지나서 어쩔 수 없이 놓고 가는 일도 생길 수 있고, 내가 다른 사람이 못한 일을 넘겨받아 해야 하는 일도 생기기 때문에 이런 일로 생기는 감정적 소모도 많다. 혼자 하는 일이 아니기 때문이다. 그것을 어떻게 얼마만큼 하는가는 개인의 역량과 배려가 있어야 한다. 그런 배려가 없으면 상처는 우리들 스스로에게 가해질 수 있다. 사람과의 거리가 좁혀질수록 받는 상처는 배가 된다. 아무렇지 않게 그냥 넘기면 될 것 같은데 나는 계속 곱씹게 되었다.

이상하게도 그런 사람이 있다. 너니까 괜찮아, 너는 괜찮아 보인다, 네가 해야지. 자신만 힘들고 남은 괜찮다는 이상한 논리를 가진 사람 말이다. 같은 일을 하잖아, 근데 왜 나는 괜찮아 보인다는 거지? 어떻게 이 사람은 나한테 이런 얘기를 할 수 있는 거지? 나도 충분히 터질 만큼 힘들고 지쳐 있다는 걸 알리고 싶을 때도 많았다. 그 사람은 무심코 내뱉은 말이란다. 악의 없이. 나도 누군가에게 말실수를 할 수 있다. 나도 누군가에게 똑같이 행하고 있을 수도 있다. 바쁘면 보이지 않는 일이기에 지난번에 이렇게 해줬는데 왜 너는 안 해주니라는 생각이 들 수밖에 없는 게 사람 마음이다. 생각해보면 이런 실망이라는 생각은 내가 더 좋은 사람이 되어야 하는 거였다. 내가 자질이 부족해 더 노력해야 했음에도 불구하고 다른 간호사에게 많은 것을 바라고 있는 이상한 간호사였다.

혼자 여행 가서 문득 이런 생각이 깨진 적이 있다. 항상 남을 도우며 살아간다는 의식을 해서 그런지 일상에서 늘 잊고 지내는 것이 도움을 받는 존재라는 것이다. 사소하지만 다른 환경에 혼자 동떨어져 있을 때 이 사실을 더 깊이 느낀다. 비행기 안에서 간단한 간식을 나눠줬는데 과자 봉투에 뜯는 표시선이 없어 먹고 싶은 과자를 바라보고만 있을 수밖에 없기에 계속 끙끙거렸다. 옆 사람이 까준다고 했다. 항상 할 수 있다고 생각하고 도움을 받는 것보다 스스로 하는 것에 성취감을 많이 느끼는 나다. 하지만 이 사소한 일은 낯선 환경이라는 후광 덕분에 나도 도움을 받고 있는 존재임을 알게 해줬다. 고작 과자 한 봉지 까주는 것이었지만. 더불어 남을 도우면서 살아가는 일이 결코 손해되지 않는 일임을 깨닫는 감사를 느끼게 해줬다.

언젠가 내가 베푼 도움이 나에게 돌아온다. 베풂과 도움받음은 연결되어 있는 것이다. 항상 바라는 바가 많고 불평을 말하며 누군가 나에게 선하기를 바라고 실망했다. 그러나 그것은 둔한 감각 때문에 지금 받고 있는 도움을 인지하지 못하는 것이었다. 억울해 하지 말기를! 세상은 균형을 맞추고 있고 그런 이치는 존재한다.

그러니 나 또한 간호사라고 해서 너무 억울해 하지 말아야 하겠다! 권선징악. 전래동화의 뻔한 교훈이지만 인생을 살면서 가장 공정하고도 멋진 교훈이다. 시련을 가진 자에게 불행한 결말만을 선사해준다면 우리의 삶과 우리가 추구하는 방향은 상실될 것이다. 그래서 '착하게 베풀며 살자, 남에게 해가 되지 않도록 살자.' 하고 그냥 산다. 그리고 언젠가 누군가의 도움으로 삶을 살아가는 순간도 올테니 말이다.

3. 나 처음으로 돌아갈래

어쩌면 떠나고 싶은 이유가 화려한 삶에 대한 동경은 아니었을까?

언제부턴가 점점 더 자극적인 맛을 찾게 되었다. 맛있는 음식, 맛있는 책, 맛있는 일상.... 어렸을 적엔 별 특별함이 없는 밥상에서 너무 지겨운 맛이 나서였는지, 외식을 간다는 것이 최고의 기분 좋은 이벤트였다. 그러나 지금의 일상은 외식이 주식이 되어 그런지 그때 느꼈던 기분 좋음은 사라진 지 오래다. 저녁 5시부터 시작되었던 엄마 요리의 향기는 어느 순간부터 전화 한 통으로 길들여져 향기를 맡을 수 없다. 정말 맛있는 음식이란 무얼까를 생각해보기도 한다. 옛사람들은 고된 노동 끝에 고봉밥 한 사발과 김치 한 덩이 놓고도 정말 만족해 했겠지만 지금의 밥상에선 자극적인 음식을 찾고 있는 듯하다.

어쩌면 맛과 같이 일상도 점점 더 자극적인 것을 원했

을지도 모른다. 쓴맛 후에 단 사탕을 먹은 달콤함을 지금은 어쩐지 느낄 수 없다. 매번 재밌는 TV를 골라 보고 짤 영상을 보고 웃지만 그 뒤엔 더 재밌는 것들만 열망할 뿐이었다. 오히려 고봉밥과 김치처럼 단조로운 것이 더 맛있는 일상이 될 수 있는데도 말이다. 어쩌면 남들에게 보이는 화려한 직업보다는 언제나 도돌이표로 맴돌지만 늘 같은 자리에 있는 김치와 밥 한 사발 같은 내 직업이 더 맛있었음을 깨닫게 되는 순간도 올 것이다!

다시 처음으로 돌아가면 나는 흔들리지 않을까? 그만두고 싶지 않을까? 하는 생각도 해본다. 그래서 다들 초심으로 돌아가려 한다. 사실 각자가 초심이란 단어를 떠올렸을 때 본인 스스로는 "더 이상 예전 같지 않아."라고 말하며 변했다고 하지만 생각해보면 우리는 변하지 않았다. 초심을 생각한다는 것 자체가 내일에 대한 변치 않는 마음을 유지하려고 하는 생각이니까 말이다.

초심은 어땠을까? 어떤 누군가에게 무수히 많은 도움을 줘도 바라는 것 없이 흔들리지 않았을까?

여행에서 약간의 충격을 받은 기억이 있다.

카페 종업원이 차가 가득 담긴 쟁반을 가지고 계단을 내려가다가 미끄러져 넘어지는 일이 발생했다. 으악-! 하는 소리와 함께 찻잔은 와장창 깨졌고 그 종업원은 한동안 일어나지 못하고 시간이 흐르고 있었다. 그러자 갑자기 그 안에 있던 손님들이 우르르 달려가 괜찮냐고 물었다. 종업원은 간신히 일어나 다른 곳으로 갔고 얼마 뒤 남아 있는 손님들이 그 사건의 현장을 하나 둘 수습하기 시작했다. 유리 조각들을 모으고 바닥에 물기를 닦기 시작했다. 나의 생각에 당연히 그건 카페의 다른 직원이 알아서 하는 게 맞다고 생각했다. 그런데 카페에서 할 일을 손님들이 돕고 있었다.

물론 사람마다 다르다. 순간, 요즘 문화는 타인보다 개인을 중시하는 이기적인 사회라고 생각했던 내 편견이 부끄러워졌다. 그리고 그 사회는 남을 조건 없이 도와주는 건강한 사회였음을 알았다.

남을 돕고 사는 것, 그리고 무수히 많은 것을 주는 직업을 갖는 간호사가 나에게 그냥 아무렇지 않게 일상이 되는 그런 사람, 그런 간호사가 되었으면 좋겠다. 처음으로 무조건 돌아가고 싶은 것이 아니라, 초심을 유지하려는 사람이 되는 것, 그것이 건강한 사회고 건강한 간호사가 아닐까?

4. 그만둘 것인가?

《그랑드 자트 섬의 일요일 오후》

쇠라의 그림이다. 미술시간에도 배웠듯이 점묘법으로 그린 신인상주의 화가이다. 내가 봤던 그림은 이 유명한 그림을 그리기 전에 그렸던 《아스니에르에서 물놀이》라는 작품이다. 기차가 지나가고 공장의 굴뚝이 보이고, 공장의 노동자로 보이는 사람들이 초점 없는 지친 얼굴이 드러난다. 문득 이 그림에서 나를 보았다. 일을 할 때 표정이 이럴 것 같다. 왜 그런지는 모르겠다. 의식적으로 선한 인상을 가지고 아무렇지 않게 일을 하고 싶은데.... 얼굴이 마음 상태의 반영이 들어가서 그런지 어쩐지 모습은 밝지 않다. 인상도 무서운데 간혹 위 선생님으로부터 표정관리를 하라는 말을 들을 때가 있다. 일터에서의 나는 어떤 모습일까?

TV에서 언젠가 유시민이 말했다. 자신이 정치인의 삶을 다 살고 난 뒤 포털사이트에 있는 사진을 들여다봤다고 말이다. 가만히 들여다보니 자신의 얼굴은 모든 게 편치 않았다고 말했다.

자신의 사진 속 얼굴을 자세히 들여다본 적 있는가? 당신의 모습을 어떠할 것 같은가? 사진은 현재의 마음 상태를 반영한단다. 어쩐지 혼자 여행할 때 찍은 사진 속 나는 겁에 질리거나 우중충해 보이기도 했다. 그러나 시간이 지나고 장소에 대한 만족감이 올라갔을 땐 얼굴에 편안함이 드러나 보였다. 밖에서 친구들과의 관계 속에서 나의 모습 또한 밝다. 그러나 일할 때는 사진 찍기도 싫어진다. 당연히 그런 마음을 가지고 있는 사진 속의 나는 편하지 않아 보일 것이다. 사진 속 얼굴이 편치 않다는 것은 하고 있는 일이 즐겁지 않다는 것이다. 그렇다면 내일이 편해지려면 나는 어떻게 해야 할까? 그냥 표정관리만 하면 될까?

인도 여행 생활을 하면서 깨달음의 내용이 담겨있는 류시화의 《지구별 여행자》 책에서 메모해뒀던 구절이 있다.

『그대가 바꿀 수 있는 일에 대해선 걱정할 필요가 없다. 그것을 바꾸면 되기 때문이다. 또한 그대가 바꿀 수 없는 일에 대해서도 걱정할 필요가 없다. 걱정한다고 바뀌지 않을 테니까!

세상이 어떠한가 보다, 우리가 그 세상을 어떻게 바라보는가가 더 중요하다.

인도 여행을 하면서 숙소를 예약했는데 생각지도 못하게 더러운 방이었다. 너무 더러운 방이라 방값을 다 내는 게 억울해서 깎아달라고 요구하자 여관 주인은 태연하게 그에게 이런 말을 했다.

"숙박비를 깎는다고 해서 방이 새것이 되는 건 아니잖소. 당신이 지금의 이 방에 만족하지 못한다면 아무리 방값을 깎는다 해도 완벽하게 만족하진 못할 것이오."
그러면서 이어서 말했다.
"한 가지가 불만족스러우면 모든 것이 불만족스러운 법이오. 당신이 어느 것 한 가지에 만족할 수 있다면, 당신은 모든 것에 만족할 수 있을 것이오."』

《지구별 여행자》, 류시화, 김영사, 2002

그는 여행하면서 숙소를 바꾸지 않았다. 태도를 바꿨다. 더러운 곳이지만 세상을 바라보는 눈을 바꾸는 것 말이다. 이 말이 물론 그냥 주어진 환경에 그저 안주하며 살라는 이야기는 아니다. 적어도 어차피 자신에게 처해진 환경이라면 만족하며 있으라는 얘기가 아닐까? 물론 정말 아닌 것에는 말을 할 수 있는 용기는 있어야 하겠지만 말이다. 어쨌든 환경이 마음에 들지 않으면 두 가지 선택을 할 수 있다. 여기 있거나 떠나거나 말이다. 그것이 문제다. 떠날지 말지는 내가 읽었던 책《하늘은 무너지지 않는다》에 나온 이야기를 읽고 생각해 보기를.

『숲속에 쥐 한 마리가 살고 있었다. 그 쥐는 자신이 세상에서 가장 하찮은 존재라고 생각했다. 그 이유가 남들보다 몸집이 작고 남들보다 가진 재주가 없었기 때문이었다. 그래서 항상 우울해했다. 그러면서 자기를 노리는 고양이를 부러워했다. 어느 날 우울한 쥐가 산신령을 찾아가 자기를 고양이로 만들어달라고 부탁했다. 산신령은 아무 말없이 그 쥐를 고양이로 만들어주었다. 고양이가 된 쥐는 또 우울해졌다. 자기를 쫓아다니는 개가 무서웠기 때문이었다. 그래서 다시 산신령에게 달려가 개로 만들어 달라고 했다. 그런데 개가 되고 나니 이번엔 또 늑대가 무서워졌다. 쥐는 만족할 줄 몰랐다. 늑대가 되고 나니 몸집이 큰 코끼리가 무서워져 산신령에게 코끼리로 만들어달라고 했다. 산신령이 또 늑대를 코끼리로 만들어줬다. 이젠 쥐는 몸집이 커지고 숲속을 돌아다니자 더 이상 바랄 것이 없었다. 그는 이제 더 이상 무서울 것이 없었고 그는 소원을 이뤘다고 생각했다. 그런데 이 생각조차 며칠 안 돼서 깨지는 순간이 왔다. 코끼리도 무서운 것이 있었다. 바로 쥐였던 것이다. 코끼리는 다시 쥐가 대단해 보여서 산신령을 찾아갔다.

"더 나은 자리를 찾느라 두리번거리느니 차라리 자기

자리에서 가장 훌륭한 자기를 만들어라."』

《하늘은 무너지지 않는다》, 김견, 박성재, 토파즈, 2013

우린 더 나은 자리를 찾아가지만, 자기 자리에서 훌륭한 본인을 만드는 것이 더 나을지도 모른다는 사실을 알지 못한다. 그러나 이 이야기는 도전하는 사람에게 무조건 자신의 위치가 최고의 자리고 나은 자리이므로 안주하고 가만히 있으라는 얘기는 아니다. 또한 도전하려는 사람의 앞길을 막는 것도 아니다. 자신이 처한 힘든 환경 속에 무조건 버티라는 이야기도 아니다. 버티는 사람들 각자는 자신에게 그 안에서의 변화는 결국 코끼리보다 더 위대한 자신이 있다는 사실을 발견하게 되는 순간도 있을 것이라는 얘기다.

일하면서 더럽고 치사한 순간도 있다. 하찮은 존재라 여겨질 때도 있다. 때론 슬프기도 하고 무서운 일도 많다. 그러나 그 안에서 우울하다고 다른 직업을 갖고 싶고 막상 그 직업을 가지면 또 다른 직업을 찾고 싶은 생각이 드는 것처럼 안에서 자기 자신이 쥐로서 깨달음을 얻는 순간도 있을 것이다.

우리 안에는 각자 무언가가 되기를 희망하는 나, 그리고 쥐가 있다. 당장은 남들보다 재주가 없어 보이고 큰 동물들에게 치여 하찮은 존재라 생각하지만 코끼리보다 더 큰 존재임을 자각하는 순간이 온다. 물론 쥐가 다시 되고 싶지 않은 코끼리도 있을테지만 말이다.

나는 아직 고양이가 되고픈 쥐에서 벗어나지 못했다. 그런데도 이곳을 떠나지 못하는 이유는 현재 위치한 환경 속에서 동요하고 일희일비하며 묵묵히 일해도, 그냥 그렇게 일하다 보면 내 속에 빛나는 나 자신을 발견하게 될 것이라는 기대 때문이다. 또한 그 빛이 세상에 닿아 빛을 내는 사람이 될 수 있겠다는 생각을 믿어 의심치 않기 때문이 아닐까 한다. 누군가 나를 코끼리로 만들어줄 산신령이 뿅 하고 나타나면 주저 없이 따라나설 것 같다. 다들 주저하지 말고 따라나서기를! 쥐도 변화가 있었기에 자신이 가장 큰 존재임을 알았던 것처럼 누군가의 조력이 나를 더 큰 사람으로 만들어 내가 깨닫지 못한 세계를 알려줄 수도 있으니 말이다.

모두에게 어떤 동물이 되어도 두려움의 감정은 늘 있다. 쥐는 고양이를, 고양이는 개를, 개는 늑대를, 늑대는 코끼리를, 코끼리는 쥐를 두려워한다. 이처럼 자신의 환경을 떠난다고 해서 두려움의 감정이 사라지는 것은 아니다. 어떠한 상황마다 당황스럽고, 후회되고 절망스럽고 화도 나고 두려운 감정들은 어디서나 늘상 있는 것이다.

5. 간호사는 장인이다

"힘들면 그만둬! 또 일할 곳은 많아!"
라고 생각하며 이 세계에 다시 돌아오지 않는 간호사들이 많다. 이타적인 직업 소명으로 시작했던 일이 누군가에게 등 돌리는 직업이 되고, 외면받는 일은 슬픈 일이다. 더군다나 생명을 대하는 일에 새내기가 많은 병원의 환경은 건강하다고 말할 수 있을까? 이런 환경 속에서도 한자리를 오랫동안 지킨 사람들도 있다. 그런 힘든 일을 왜 하는 걸까? 한 우물만 파는 사람들의 버팀은 무엇일까? 이 사람들의 시간은 존경받아 마땅하다. 이제는 떠나는 사람보다 한 우물을 판 사람을 존경해 봐야겠다. 때론 변화하지 않는 환경 속에 안주하는 사람들일 수도 있다는 생각을 했다. 꼭 자신이 싫어서 이곳을 떠나는 것만이 잘 사는 삶일까?

현재 사회는 다양한 직업을 가지고 다양한 견문을 가진 사람을 우러러본다. 직업을 가짐에도 다양한 스펙을 원하는 사회. 어떤 회사에서 어떤 일을 하게 되더라도 영어도 잘 해야 하고 공기업 인턴도 해봐야 하고 컴퓨터 관련 자격증을 비롯해 기본적으로 많은 것을 갖출수록 그 사람의 능력을 우러러본다. 또한 "어떤 일을 하셨나요?" 라고 물을 때 "예... 저는 광고 쪽도 일해보고요. 요리사도 했고 디자이너 일도 했습니다."라고 답하면 우리는 우와~라고 말한다.

그러나 나는 그들과 다르게 한자리를 지켜낸 사람들

에게 우와~라는 반응을 주고 싶다.

이 땅에 묵묵히 그것을 지켜간 사람들이 존재한다. 그분들이 있기에 옛것은 지금까지 존속할 수 있었다. 장인들. 옛날의 기술자들. 무형문화재는 인간 그 자체로 숭고함을 가지고 있다. 누구도 따라할 수 없는 그들만의 가치 말이다.

간호직에 몸담은 선배들 또한 각자의 기술과 지식을 가지고 일을 수행하는 사람으로서 무형문화재가 아닌가 싶은 생각이 문득 들었다. 힘든 환경 속에서 각자 역할들을 하며 뿌리내리고 살아가는 간호사들이 있기에 우리가 굳건히 지킬 수 있는 것이 있다. 많은 이들이 힘들어 떠나가지만 '생명을 지키는 사람들'이라는 사명감만으로 우린 무형문화재와 같다. 보존 가능한 가치가 있는 사람들이라고 생각한다. 주변의 것들에 영향을 미치고 다양한 스펙을 가진 사람들이 더 대접받고 대단한 사람처럼 보이지만 때론 한 우물만 판 사람들의 끈기와 사명감이 더 존귀한 것이 아닐까?

평균 근속기간 5.4년, 수많은 사람들이 힘들다고 떠나가는 환경, 그런 환경 속에서도 한 우물만 파는 사람들의 버팀이 있기에 우리의 간호 영역은 존속할 수 있고 쓸모 있는 직업이다. 나는 언제까지 이 직업을 가질까? 그리고 무형문화재가 될 수 있을까?

간호사 세상에도 존귀한 사명감으로 버티는 장인도 있지만, 정말 괜찮은 사람이 떠나기도 한다. 결국 환경에 의해 더 나은 자리를 찾는 것. 어쩌면 이 길에 남아 있는 이유가 나를 둘러싼 세계 밖으로 나가고 싶지 않은 마음 때문일지도 모른다. 그러나 적어도 어제보다 오늘이, 오늘보다 내일이 감정과 삶의 질에 대해 고민하는 시간이 늘어나고 내면에 가치와 직업의 숭고함을 새기려고 발버둥치는 한 나의 직업에 머물고 있는 나를 존중한다. 삶은 더디게나마 나아가고 있다. 남아 있기로 한 선택에 대해서도 내가 한 결정이니까 그래도 후회는 안 한다. 험준한 산을 올라가는 사람들의 그런 것과 같을 지도 모르겠으나, 오늘도 숨을 헉헉거리며 무언가 희열을 찾기 위해 올라가는 간호사다.

그리고 언젠가 남아 있는 간호사도 『주는 것을 미덕으로, 아픈 환자를 위해 많은 것을 아낌없이 주는 직업이다』란 내용으로 기사화되는 순간이 오길 바란다.

희생과 당연히 주기만 하는 '엄마'라는 단어처럼, '간호사'라는 단어가 사람들에게 당연시되는 희생과 봉사가 되지 않길 바라며. 그리고 내가 치열하게 일했던 이곳이 쉽게 누군가에게 외면당하거나, 남아 있기로 한 선택을 한 내게도 이곳이 떠날 수 있는 세상이 되지 않기를 바라며.

6. 선한 영향력

할 수 없는 일을 해야만 하는 두려움

예측할 수 없는 일을 처리하는 두려움

충만한 삶을 살았던 사람들이 무너지는 것을 바라만 보는 두려움

익숙하지 않은 일을 능숙하게 해야 하는 두려움

이런 두려움 속에서 어떤 일들을 해가야만 하고, 하나의 선택을 함으로써 잃는 어떤 것이 있다. 삶은 한 번밖에 살지 못하므로 삶을 가정만 할 뿐 어차피 후회의 연속이다. 하지만 하루가 갈수록 작아지는 용기와 커지는 두려움을 어떻게 극복할 수 있을까?

이렇게 저렇게 삶을 살아야겠다고 다짐을 하는데 막상 삶 속으로 들어가면 다시 작은 일에 동요한다. 맨날 힘들다고 입 밖으로 말하며 그 힘든 사회 속에서 후회는 매번 되풀이되고 있다. 후회만 일렁여서도 안 되고, 잃어

버린 것을 마냥 바라만 봐서도 안 된다. 소중한 것을 잃어버리고 난 뒤에 다시 그것이 돌아와도 예전과 똑같을 수는 없을 것이다. 따라서 그것을 잃어버리지 않게 노력하는 것 또한 중요하다.

했던 일에 대한 또는 과거에 하지 못한 일에 대한 감정이 후회이다. 보기엔 후회가 마냥 부정적인 것으로만 비치지만 똑같은 실수를 하지 않겠다는 다짐 그리고 성장할 수 있는 발판이 되어 긍정적인 결과도 가져다주는 것이 후회라는 거란다. 그러니 그대 걱정하지 말자. 고민하고 있는 삶만으로 나 자신은 치열하게 살았다는 증거니까 말이다.

매일 어떤 일이 일어나면 내 탓만 같았다. '내가 더 잘했으면 어땠을까? 내 자질이 이것밖에 안 돼서 그런 것이었을까? 내가 그때 그런 감정이 들지 않고 평정심을 가지고 말을 했더라면 적어도 나 자신이 이렇게 아프지 않았을 텐데.... 아니면 내가 그때 그런 말을 하지 않았으면 또는 했더라면 그 사람이 그런 생각이 들었을까? 이 모든 것이 내가 부족한 탓이어서 그랬을까? 내 성격 때문에 그렇지 않았을까?'라고 말이다.

그런 후회를 하고 있어도 현재 무언가를 잃었다고 생각하지 말자. 얻기 위한 것도 없다. 감정의 값을 매기라고 한다면 평탄하기만 할 때 값이 잘나간다고 말할 수 있을까? 들쑥날쑥하다고 해서 값어치가 안 나갈까? 단지 감정이 그런 상태라고 알아두면 될 것만 같다.

『인간은 오직 한 번밖에 살지 못하므로 체험으로 가정을 확인해 볼 길이 없고 따라서 자기감정에 따르는 것이 옳은지 틀린 것인지 알 길이 없는 것이다.』

《참을 수 없는 존재의 가벼움》,
밀란 쿤데라, 민음사, 2009

그렇다면 한 치 앞을 내다볼 수 없는 인생을 어떻게 하면 잘 살았다고 생각이 들까?

사람들 누구나 다 저마다의 아픔을 가지고 있다. 고민을 가지고 있다. 누구나 행복을 원하지만 행복을 위한 절대적인 조건도 없다. 삶은 경험이다. 이렇게 살아도 맞게 가고 있는 건지, 저렇게 살아도 맞게 가고 있는 건지 아무도 알 수 없다. 그러나 나에게 있어 이것 하나는 확실하다. 간호사라는 직업은 누군가에겐 힘든 일이지만 어떤 이에게는 필요한 직업이라는 것.

《거인의 어깨》란 TV 프로그램에서 착한 소비, 좋은 소비에 대한 언급을 한 적이 있다. 우리가 귀찮아서 쉽게 먹고 있는 칵테일 새우가 인신매매와 수많은 노동력의 착취로 인해 가져오는 결과라는 것을 언급했다. 무심코 사는 소비에 의해 누군가의 삶은 엉망진창이 되어버린다고 말이다. 또한 콩고민주공화국의 스마트폰의 재료인 '콜탄'이란 소재는 고릴라 서식지에 있어 그 광물을 캐기 위해 불법 사냥과 고릴라의 멸종을 초래하는 결과를 낳는다고 말해주었다. 내 소비가 누군가를 아프게 한다는 것, 그리고 내가 편하고자 샀던 어떤 물건이 누군가에겐 고통을 준다는 것은 정말 불공평한 일이 아닌가?

우리는 한 번 살기 때문에 이런 인류의 불평등에 대해서 생각해 봐야 한다고 말한다. 그럼으로 내가 가지고자 하는 물건을 그냥 사는 것이 아니라 한 번쯤은 적어도 한 번쯤은 내가 사는 물건으로 인해 가져올 것들에 생각하는 지혜를 가져야 한다고 피력하였다.

한편으로 간호사라 함은 어떤 것일까? 수많은 희생을 낳지만 남을 위한 봉사라는 걸 포장지에 찢겨 산산조각 난 정신과 아픈 감정이 일지만 적어도 나 자신의 안위보다는 남을 위해 사는 사람들이다. 이런 직업은 선한 영향을 미치는 착한 직업이다. 내가 누군가에게 선한 영향을 주고 누군가를 웃게 할 수 있다면 그건 내 인생에 의미 있는 일이 아닌가? 그냥 그것 또한 가치 있는 일이 아닐까? 착한 직업, 좋은 직업이지 않은가? 비록 사회적으로 사람들은 돈을 많이 주는 직업, 또는 권력을 가져다주는 직업을 좇아 쉽고 편안한 직업을 갖는 인생을 살 수도 있겠지만, 우리 이번 생애에서만큼은 가치 있게 살고 있는 거라고 말해주고 싶다.

힘들어서 떠나간 사람도 존중하고, 이 자리를 지킨 간호사도 존중한다.

적어도 그들은 한 번쯤 남들이 생각하지 않고 남들이

가지 않는 길을 갔던 착한 직업, 좋은 직업을 가졌던 사람들이니까 말이다. 물론 사회적으로 우리의 가치를 알아주는 목소리를 듣는다면 더덩실 춤을 추며 기뻐할 수 있겠지만 말이다.

아무리 머리를 쥐어짜도 완벽한 인생은 없다는 것, 모두 알고 있지 않은가? 뜻대로 되는 것도 없고 말이다.

7. 피로회복제는 말 한마디

우리들이 일터에서 웃는 순간은 아주 작은 것에서 시작된다.

업무 일지에 하루는 후배 간호사가 웃긴 그림과 문구를 넣어 하루 시원하게 웃었던 기억이 있다. 마음에 드는 명언이나 좋은 문구를 힘들 때 읽는 것은 소소한 기쁨을 느낄 수 있다. 그리고 안 좋은 순간에 위로는 찌질함도 춤추게 한다.

과정이란, 보이지 않으면서도 보일 때가 있는 오묘함이 있다. 교대를 하고 온전히 나만이 알고 있는 어떤 일의 시작부터 끝까지의 과정이 결과로서만 보여지기도 하고, 어떤 이를 겪은 사람이 극심한 피로를 느끼고 얼굴에 지침이 묻어날 때 그간의 과정이 얼마나 힘들었는지를 짐작할 수 있기에. 이렇게 너덜너덜 지친 사람들에게 강력한 피로회복제는 무엇일까?

초콜릿 한 조각보다 역시 따뜻한 말 한마디가 제일이다. 일한 환경이 힘들수록 사람은 느끼는 것이 많다. 그 속에 겉치레의 위로가 아니라 진심 어린 말이 그대로 마음에 닿을 때 다시 한 번 그 사람의 마음의 깊이를 생각하게 된다.

며칠 전 기분이 좋지 않았다. 의식이 명료한 환자가 예기치 못한 순간 상태가 변해서 대화했던 몇 분 전 상황이 계속 머리에 맴도는 상황이 되었기 때문이었다. 의식이란 것은 순간순간 변할 수 있다. 가장 가까이에서 일하는 나이기에, 우리들이기에, 사람이기에, 가족보다 마지막 순간을 함께한 사람이기에 더더욱 가까운 거리만큼 마음이 많이 가서 내 기분도 그랬다. 늘 최선을 다했다고 생각하지만 더 최선이 있을 것 같은 마음. 냉정한 의료진의 변하지 않는 얼굴 뒤엔 이렇게 끊임없는 생각이 생각을 붙잡는다.

이런 마음도 마음인데 이런 상황이 끝난 후 마음을 추스르지 못하고 그냥 이어서 다른 일을 해야 한다는 것도 부담감으로 옥죄여 온다. 다시 그런 생각들을 던져두고 하던 일을 다시 해야만 한다. 다른 사람도 같은 상황을 겪는다. 이런 상황 속에 정리되지 않은 일을 받으면 가시 돋친 말로 다른 사람에게 상처를 주게 된다. 응급상황 뒤엔 언제나 엉망진창의 일들이 기다리고 있기 때문이다. 난리가 난 응급카트는 다시 다른 상황에 대비해서 정리

되어야 하고, 침대에 이리저리 널려 있는 흔적들은 다른 누군가의 생명이 적절한 처치를 받아야 할 안락한 공간이 되어야 하기에.

그런 엉망진창의 상황을 넘겨준 사람이 후배이건 선배이건 간에 마냥 기쁘게 받을 수는 없다. 뒤이어 받는 사람도 꽉 채워진 정해진 일이 존재하기 때문에 남의 일을 떠안게 되는 것은 굉장한 스트레스로 다가온다. 그러던 중 아침에 "힘들었겠다. 고생했다."는 말을 들었다. 힘든 순간에 대한 생색내기가 아니라 그냥 이런 마음을 알아주는 말 한마디가 추스르지 못한 상처를 덧씌워줬다. 누군가는 보듬어 주는 사람이 있었다는 것을 알고 나니 그저 감사했다. 나는 왜 누군가에게 따뜻한 말 한마디 해주지 못했는지.

이 시점에 불현듯 편지를 꺼내보았다.

첫 병원에서의 동료들이 생각나서였다. 지치고 힘들었던 시기였지만 따뜻한 사람들이 있어서 견딜 수 있었기에. 때론 인복도 복이라고 말할 만큼 주변에 좋은 사람을 만나는 것은 이 세상 살면서 어려운 일임을 알게 된 적도 있다. 내가 일했던 그곳은 모두가 떠났고 전국으로 흩어졌다. 결혼으로 출산으로, 새로운 다른 병원으로, 그리고 다른 꿈을 가지고 말이다. 우린 '개모임'(일명 개처럼 일해서 붙여진 이름이다)이라는 모임을 만들었다. 밤 근무가 끝나면 매일같이 찾았던 순대 국밥집과 삼겹살집에서 푸념들을 나누고, 스트레스를 가득 채운 날이면 칼로리 폭탄 음료를 먹었던 카페, 그리고 거기서 나눴던 하소연의 시간. 유난히 환자를 탔던 동료도 있었다. 나보다 배로 일했던 그는 서울에 있는 모 병원에서 간호사로 다시 일하고 있다. 그는 지금 괜찮은 걸까? 가끔 개인 사물함에 편지도 넣어줬다. 같이 연극도 보러 가고, 통기타도 배우러 다니고 그런 추억들이 새록새록 떠오른다. 개모임 식구들, 모두 안녕하신지....

지금의 환경에서 나이가 한 살 한 살 채워지고, 동료가 한두 명씩 떠나갈 때마다 빈자리에 대해 아쉬움이 생기기도 한다.

'그랬지... 그때나 지금이나 나에겐 따뜻한 동료들이 있었지.'

일과 일로 만난 사람들이지만, 간호사 일을 하는 사람은 소소한 일상을 나누는 친구들과는 다른 온도를 가진다. 남을 생각하고 간호사로서 어떻게 살지 고민하는 사람들, 우린 그런 사람이다.

직장생활이라는 것이 녹록지 않고 아파하는 환자 앞에서 마땅히 무언가를 해줄 수 없는 상황 앞에 있을 때(지식 부족이라든지 병원 시설의 문제로) 좌절까지는 아니지만 초라해지는 느낌이 드네요. 우선은 제가 먼저 똑똑하고 마음 따뜻한 간호사가 돼야겠네요. 주어진 곳에서 감사하는 마음으로 일하고 있고 앞으로도 그렇게 하려고 합니다.

– 어떤 후배의 편지 –

여행에서 맘껏 누리고 많이 보고 배워서 마음의 틈을 넓히세요. 그럼 어느 누구도 마음에 품을 수 있는 대인배가 될 수 있을 거예요. 저도 내일 일도 모르지만 앞으로 어디에 있든 제가 있는 자리에서 최선을 다하고자 합니다. 서로 파이팅 해요!

– 어떤 후배의 편지 –

요새 힘들지? 곧 트레이닝 들어가면 더 힘들어지겠지만 우리 fighting해요!

– 어떤 동기의 편지 –

제가 입사한지도 벌써 8개월이네요. 항상 부족해서 같이 일할 때면 늘 미안했어요. 아무래도 같이 일하는 사람이 일을 못하면 같이 일하는 사람이 힘드니까요. 생각해보면 선생님한테 잘못도 많이 했었어요. 제가 실수해서 선생님이 우신 적도 있었으니까. 이렇게 실수도 많이 하고 했는데도 선생님이 잘 해주셔서 저는 늘 감사했답니다. 선생님 신규 때 어떤 모습이었는지 궁금하네요. 분명 선생님은 저보다 더 열심히 하셨을 것 같아요! 책임감도 강하고 정도 많으시니까요.

– 어떤 후배의 편지 –

우리 같이 일한 지 2년이 됐다. 시간 참 빠르게 간다. 그동안 일 열심히 배워서 하는 거 보면서 대견하기도 하고 뿌듯하기도 하고 그랬어. 꼼꼼하게 일하는 거 보면서 나도 더 열심히 해야겠다고 생각했었어. 한 달 동안 많이 힘들었을 텐데 고생 많이 했고 고맙다.

– 어떤 선배의 편지 –

8. 창의적 배움

같은 평수와 같은 공간 속에서 같은 가구의 나열이지만 그 위치에 따라서 전혀 다른 기분을 맛볼 수 있고 전혀 다른 공간을 만들 수 있다. 집에서 가구 배치를 종종 달리해서 이런 공간의 변화를 준다. 가구의 배열에 따라 1cm의 숨은 공간이 보이기도 하고 10cm의 간격이 없어지기도 한다. 오묘하다.

불현듯 매일 같은 병원, 같은 병동에서 일하면서 뭔가 달라져야겠다는 생각을 품었다. 10cm의 보지 못했던 공간을 보게 될 수도 있을 거라는 기대 때문이었다. 그러나 모순적이게도 변화가 필요하다고 말하면서도 나 스스로 변화는 끔찍이 싫어한다. 한때 간호사라는 직업에 발을 점점 더 넣을수록 변화 없는 윗사람들에 대한 회의도 품었다. 뻔히 보이는 문제들로 인해 결국 뭔가 일이 터질 줄 알면서도, 누군가가 나서지 않고 가만히 있음으로 불합리한 상황들이 개선되지 않는 것이 아닌가 하는 생각을 한 적이 있다.

승무원이 힘들다는 것이 땅콩 회항 사건, 신라면 사건을 통해 기사화되어서 공론화되었기 때문에 우린 그 문제를 사회 영역까지 바라볼 수 있었고, 콜센터 직원이 극심한 감정노동에 잠 못 이룬다는 얘기도 공론화되었기 때문에 사회적 문제로 일컬어지고 있다.

그러나 우린 그냥 일터에서 묵묵히 일만 한다. 왜? 간호사는 일하는 것조차도 충분히 힘들기에 목소리를 내는 것도 지치니까. 우리가 변화하지 않는 폐쇄적이란 집단이란 소리를 듣는 것도 바로 이 때문이 아닐까 싶다. 물론 변화를 주도하는 사람들은 오지랖이 넓다. 어차피 변화하지 않을 거라는 의견도 많다. 목소리를 내는 사람을 피곤하게 하는 사람으로 낙인도 찍는다. 우리의 세상은 이런 사람들에 의해 더디게나마 조금씩 나아가는 것. 그것이 우리 사회에서 가장 필요한 게 아닐까. 큰 혁명은 아니지만 조금씩 자신의 목소리를 낼 수 있는 변화 말이다. 한편으로는 우리가 목소리를 내면 너희들은 병원이고 사람을 대하는 곳이기에 이익을 도모해선 안 된다. 당연히 그래야 한다는 말들이 들리는 것도 사실이다.

우리의 사회는 침묵하지 않고 말했을 때 변화가 생긴다. 권위에 복종하면 당장은 단맛을 느낄 수 있지만 단맛에 길들여지면 달콤한 초콜릿을 먹고도 퉤 하고 뱉어버리는 오작동이 발생한다. 불만은 많지만 달라지지 않는 세계에서도 변화는 반드시 나로부터 시작되어야 한다.

깊은 성찰을 해보았다. 변화하려는 사람들이 있지만 각자의 역할 속에서 그렇게 살아갈 수밖에 없는 사람들이 존재하는데 그것은 과연 입장 차이일까? 우린 그 속에서 어떤 걸 해 나가야 할까?

의사의 처방에 의해서만 일을 할 수 있는 법 안의 테두리 속에 갇힌 나. 하지만 어쩌면 간호사라는 직업을 유지하는 것도 테두리 안에 머물기를 희망하는 성격 때문일 수도 있겠다. 그러나 적어도 한 번쯤은, 내가 갇힌 세계관을 벗어나 봐야겠고, 적어도 한 번쯤은 한 사람을 더 이해해 봐야겠고, 한 번 더 간호사를 하는 이유를 생각해 봐야겠다고 생각이 들었다.

티끌만큼의 작은 변화는 직장을 다니면서 수강했던 철학 수업에서 시작되었다. 진정한 논증을 해보았냐는 교수님의 물음에 내내 뜨끔했다. 기본적인 시사, 상식조차 관심이 없었다. 그러면서 간호학에 대해서는 인간에 대한 이해를 바탕으로 다양한 학문을 응용한다고 말하고 있었다. 우리들의 학문은 누구보다 독자적인 지식체와 기술을 가지고 인간 개개인 반응에 맞는 전문적인 간호를 하고 있다고 말한다. 사회의 정책을 반영한다고도 말한다. 그러나 다양한 것을 배우고 생각함에 인색한 나의 태도를 보니 문득 나의 학문, 나의 가치를 부정하고 있다는 생각이 들었다. 이런 배움의 태도는 인색하면서 누군가 나에 대해서 바라봐 주기만을 바랐던 이기적인 생각 말이다. 간호사라는 직업이 스스로 배우는 자세와 많은 것을 받아들이는 태도가 중요함에도 불구하고 오늘도 출근을 했고 힘들었다는 이유만으로 배움에 충실해야 했던 학생으로 돌아간 수업시간에 조는 것을 합리화했다. 내가 왜 뭔가를 배워야 한다고 생각했을까?

간호사라는 직업 자체는 사람을 향한다고 말한다. 그리고 많은 사람들과 다양한 관계를 맺는다. 졸업으로 인한 일회성으로 스쳐가는 직업이 아니다. 평생 해야 하는 직업이다. 골방에서 환자를 혼자 고립되어 보는 게 아니란 말이다. 그렇기에 사람을 잘 이해해야 한다. 바로 이것을 위해서 나는 배워야 한다고 생각했다. 그동안의 대학생활이 간호사 면허증을 따기 위한, 국가고시 시험을 위한 것이었다면, 그리고 그 이후에는 병원에 취업을 준비하기 위해 받았던 주입식 교육이었다면 지금 내가 배우고자 하는 과정은 단지 시험이나 취업, 다른 목적으로 위해 억지로 하는 것이 아니었다. 주체적인 삶을 위해 그리고 주체적인 간호를 하기 위해서 나 스스로 원한 것이었다. 그러나 그 마저도 어느새 하루 근무했으니 쉬어도 된다는 생각을 품고 있었다.

간호사라는 직업은 자율성 부족 때문에 전문직의 직업적으로 한계가 있는 것도 사실이다. 그뿐만 아니라 단지 의사의 처방에 의해서만 환자를 치료할 수 있다는 법안의 테두리 때문에도 제약을 받는다. 모든 것이 완벽히 자율적이지 않고 제한적인 면이 있다. 그렇지만 내 생각도 일하는 조건에만 머물렀던 것에 문제가 있지 않았나 싶다. 그냥 돈만 많이 받으면 된다. 쉬는 날이 많은 것에 만족하는 수준에 머무르는 것도 문제였다.

간호사는 의학과 간호학에만 관심이 있다. 그래서 다른 부분이나 다른 조직과의 지식 격차가 커진다. 정작 사람을 향하고 타인을 위한 돌봄 제공자로서 인간을 이해하고 배려하는 정신이 가장 필요하지만 그것을 이해하는 데 필요한 학문인 예술과 문학 등의 가치를 쳐다보지 않는다. 그저 의학적 지식이 높은 사람만을 우러러보는 태도. 그리고 무작정 주어진 테두리의 일만 했던 나 자신이 있었다.

그렇다면 어떻게 해야 자발적으로 하려는 열의를 가지게 되는 것일까? 스스로 가치 있게 생각하는 자존감이 필요하지 않을까? 이런 의지가 전문직으로 한걸음씩 나아가는 발걸음이 될 수 있고 이러한 발걸음이 우리의 사회를 발전시킬 수 있는 밑거름이 되지 않을까? 이제는 필요한 것만을 그때그때 습득하는 기계적인 암기가 아니라 나 스스로가 생각하고 깨달음 있는 학문이 되어야 할 것이다. 그런 배움을 바탕으로 사람을 이해하는 다른 학문의 습득도 게을리하지 말아야 할 것이다. 모르면 지나치는 것이 많고 알면 아는 만큼 보인다. 시간이 지나면 그냥 무심코 지나쳤던 것들이 의미가 있는 것이었다는 걸 깨닫게 될 것이다.

그동안 나는 아는 것만 믿는 오류를 범했다. 그랬기에 내 시선의 테두리 안에 들어오지 않는 것을 무시하고, 이해하지 못했던 시기도 많았다. 아직도 시야가 너무 좁다. 처한 환경에 대한 고민을 하고 앞선 나의 일에 대한 가치와 숭고함에 대해서도 생각해봐야 할 것이다. 스스로 배우는 일도 필요할 것이다. 막연한 감정의 해소로 긍정적인 생각을 갖기보다는 그 변화는 나로부터 시작되어야 한다. 나로 인해 변할 수 있다는 믿음, 그리고 너에게까지 도달하는 그런 영향력을 미치는 행동까지.

직업에 대해 생각해보고자 글을 써야겠다고 생각했다. 이타적인 직업인데 간호사는 왜 이직을 해야만 하는 것일까? 미천한 글 솜씨로 어떤 기록을 해간다는 것은 두려운 일이었다.

생텍쥐페리의 《성채》에 이런 글귀가 있다.

> 『의미 없이 날아가 버리는 모래바람처럼 시간을 흘려 버리지 말아야 한다. 아무런 창조의 노력 없이 자신의 몸을 사치품으로 휘감으며 남이 써놓은 시를 읽고 남이 지켜낸 영토 안에 안주하는 사람들, 이 땅에 피 흘려 싸우는 이도, 자신을 끊임없이 창조하는 이도 그리고 인간의 생명보다 더 오래 지속되는 모든 것을 존경한다고 말했다.』
>
> 《내 마음의 성채》, 생텍쥐페리, 들녘, 2005

삶에서도 누군가 이뤄내고 닦아왔던 간호사들의 근무 환경을 나는 그저 안주하며 그냥 살아 왔었을지도 모른다. 그냥 힘들면 아무 소리 없이 외면했을지도 모른다. 간호사의 삶도 밖에서 누군가가 보기에는 수월해보이고 동경할 수도 있다. 어쩌면 삶도 한 권의 책을 엮는 과정과 같이 누군가에게 보여지는 삶은 수월해보이지만 막상 그 삶 속을 들여다보면 감당하지 못하는 산이 존재할 수도 있다는 사실을. 결코 과정이 녹록지 않음을 불현듯 알게 된 오늘이다.

그러나 과정 속에서도 나로 인해 변할 수 있는 믿음과 나로 인해 뭔가 나오는 창의적 배움에는 의의가 있는 것이 아닐까?

9. 간호사의 자존감

라면을 먹다가 젓가락이 부러졌다. 그냥 먹을 때도 있고 어디선가 다시 얻어와 부러진 젓가락을 버리고 다시 라면을 먹을 수도 있다. 부러진 젓가락을 탓하지 내 힘이 센 것을 탓하지는 않는다. 젓가락이 부러졌든 다시 새 것을 쓰든 라면을 먹는다는 목적은 달성한다. 부러진다는 것은 외부에서 견딜 수 없는 힘이 가해졌을 때 일어난다. 그런데 나에게 어떤 상처나 시련이 가해졌을 때 어쩐 일인지 그 속엔 내가 없다. 나는 그런 외적인 영향들에 의해 달라졌다. 라면 먹는 젓가락이 부러져도 젓가락임에는 달라지지 않는다. 어떤 상처나 시련이 와도 부러진 나도 나라는 걸 알면서 자존을 지켜야 했음에도 어쩐지 나는 내가 없었다.

《여덟 단어》란 책에 이렇게 나와 있다.

『자신의 길을 무시하지 않는 것 바로 이게 인생입니다. 그리고 인생마다 기회는 달라요. 왜냐하면 내가 어디에

태어날지 어떤 환경에서 자랄지 아무도 모르잖아요? 각기 다른 자신의 인생이 있어요. 그러니 기회도 다르지.』

《여덟 단어》, 박웅현, 북하우스, 2013

나는 나의 직업에 자부심과 자존감이 없었다. 누군가 직업에 대해 글을 쓰면 어떻겠냐고 제안을 했는데 바로,

"짜증나는데요."
"일만 하면 화가 나요."
"힘든 일이라서 생각하기도 싫어요."
라고 대답했던 기억이 있다.

누군가 내 직업을 알게 되면 이어서 3D 직업이라고 말하곤 했다. 이렇듯 이 직업을 하찮게 생각했다. '자존감'이란 필요한 단어였지만 나에겐 지금까지 없었던 단어이다. 항상 타인의 삶을 동경했고 나를 존중하지 않았고, 눈치만 보며 살았다. 항상 다른 일을 찾고 싶어 했고 그저 환경만을 탓하며 살아왔다. 그래서 내겐 행복감이

없었나 보다. 매번 짜인 상자 속에 나를 넣으려고만 했지 그 속에 나를 사랑하고 내 삶을 사랑하고 내가 그 상자를 만들고 남에게 영향력을 끼치는 것을 생각하지 못했다. 그런 것이 진정 성인이 되는 것이고, 나의 삶의 의미를 찾고 나의 직업과 소명을 찾을 일이었는데 말이다.

글을 쓰는 과정에서 누군가 관련 책들을 읽어보란 조언을 해줬었는데 그러면 관련된 책들의 생각들을 따라갈까 봐 읽지 못하겠다고 말했다. 그랬더니 그가 내게 해준 말이 있었다. 글쓰기의 주제는 잉크다. 내가 쓰고자 하는 것이 확고하면, 말하고 싶은 것이 확고하면 그것은 흐려지지 않는다는 말이다. 그렇다. 주제가 명확하면 물을 타도 농도는 옅어지지 않고 확고해진다고. 나의 자존감도 그렇다. 자존감을 확고히 하지 않았기 때문에 누군가 물들여 놓은 사건이나 안 좋은 일이 일어나면 그 사람의 색으로 물들곤 했다. 그런 먹물들이 상처가 되고, 때론 화로 표출되기도 했고, 때론 슬픔이 되었다. 좋은 사람이면 선한 영향으로 웃기만 했고, 싫어하는 사람이면 나쁜 영향으로 말이다. 그러나 자존을 세운 나에게는 어떤 누군가가 와도 흐려지지 않는 잉크가 있을 것이다. 그 속에서는 어떠한 영향력이 와도 흔들리지 않는 나의 무엇인가가 존재할 것이다. 물들여지는 것이 아니라 어느 것이 섞여도 스스로를 잃지 않는 견고한 나 되기! 그걸 통해서야 간호사로서의 자존도 지킬 수 있을 것 같다. 이 세상에 온 나만의 목적은 있으니까.

너무 지쳐서 얼마나 나 자신이 대단한 사람인지 알지 못했다. 그리고 이런 지침이 자존감을 낮게 해준다고 착각했던 시기가 있었다. 항상 거창한 목표만 바라보며 그 목표를 이루지 못할 때마다 항상 무언가 얻지 못할 때마다 좌절을 하고 자존감이 무너져 버리는 나였다. 12월 31일에서 1월 1일 단지 하루가 아닌 몇 초가 넘어가는 시간인데도 새해가 되면 매번 나를 새롭게 변화하려고 했다. 매년 그래왔고 새로운 나로 탈바꿈하고 다시 태어나기 위해 새로운 계획을 짜곤 했다. 그것이 매번 작심삼일이 되어가는 과정을 반복하고 크게 변화가 없어도 그동안 지키지 못한 계획들로 가득찬 것이 나의 31년간의 삶이었다.

계획도 어찌 보면 미래에 대한 예측이다. 이 지점까지 이 정도면 도달할 수 있겠다고 생각했던 것인데 지금 손에 쥔 것은 없다. 지금 내 나이 31세. 어릴 적 생각했을 때 이 정도 나이쯤이 되면 마땅히 생각의 깊이도 깊어지고 원하는 삶을 살 수 있겠다는 막연한 기대를 했었다. 그러나 막상 이 나이가 되어보니 이룬 것 하나 없는 그냥 31살이 되어 있었다.

한 살을 더 먹었다고 해도 그때나 지금이나 별반 다른 것은 없다. 한 살 먹어도 배부르지도 않다. 먹어도 먹어도 소화가 안 되는 것이 나이를 두고 하는 말 같다. 흔히 자존감이 높아지려면 생각하는 깊이에 중점을 둬야 할 것인데 외적인 것에 치중해야 된다는 이상한 착각을 먼저 했다. 다이어트, 외모, 입는 옷, 들고 다니는 소지품 등에 의존하고 그것을 가질 때 자존감이 올라간다고 생각했다. 어른임에도 겉모습만 보고 판단하는 삶이 이상하지 않은가? 단지 이름 있는 병원에서 어떤 간호사로

아님 어떤 네임밸류를 가진 학교에서 공부를 하는 것만이 성공한 인생은 아니다. 권위 있는 직업을 갖는 것만이 내 자존감을 세우는 것 또한 아니다. 간호사가 아닌 다른 좋은 직장에서 일하는 것이 꼭 원했던 삶은 아니지 않는가? 간호사를 사회적으로 낮게 보는 인식과 분위기 때문에 감정이 늘 동요했다. 그래서 무너지는 것 같은 착각에 흔들렸다. 그러나 이것이 자존과는 별개의 문제인데 왜 이런 것들이 자존감을 낮게 한다고 생각했던 것일까?

외모, 돈, 직업, 성과 등. 그러나 그런 성취를 못 낸다고 해서 내가 없어지는 것은 아니다. 나 자신을 먼저 지키고 나 자신을 세워야 내가 선택한 이 길을 갈 수 있는 힘이 생긴다. 나 자신의 삶이 바로 서야 내가 타인의 삶으로 시선을 이동하는 것을 멈출 수 있다. 그리고 내가 건강해야 남을 안녕히 돌볼 수 있다.

10. 완벽한 사람은 없다

생각해보면 완벽한 사람은 없었다. 그리고 100%의 완벽한 세상도 존재하지 않았다. 감정이 넘쳐서 누군가에게 화를 냈다고 해서 간호사로서의 자격을 박탈하지는 않는다. 감정이입으로 슬퍼해도 간호사로서의 자격을 박탈하지 않는다. 무엇을 해줘야 할지 고민이 돼도 간호사로서의 자격을 박탈하지는 않는다. 부러진 나도 나이기에 달라지지 않는다.

그냥 말하고 싶었다. 모두에게 배려하는 직업이지만 이런 힘든 일 속에서 가끔 엄청난 무게의 일을 하는 불완전한 사람이라는 것임을 단지 말하고 싶었다. 상처로 흔들리는 것은 더 많은 것을 주기 위한 고민이었다고. 세상 어딘가엔 이런 고민을 하는 사람이 있다는 것을. 그리고 남들보다 조금 더 짐을 많이 든 사람들이라고. 단지 말하고 싶었다.

『사람들은 저마다 자신만의 모습을 갖고 있으며 이 세상에 온 그만의 목적을 갖고 있다. 그리고 그만의 모습, 그만의 목적을 발견하는 데 필요한 자신만의 방식과 길을 갖고 있다. 따라서 누구도 그 길을 방해해선 안 된다』

《나는 왜 너가 아니고 나인가》, 류시화, 더숲, 2017

사람들은 존재할 가치가 있기 때문에 존재하는 것이다. 그렇다. 누군가에게 나도 필요한 사람이다. 우린 각자의 자신만의 모습이 있고, 나는 이 땅에 간호사로 나 자신의 방식대로 걸어가고 있다. 그것이 비록 불완전한 형태일지라도 말이다. 그것이 무엇이든 간에 그 속에서 나는 나로서 존재할 가치가 있다는 것. 그것은 변하지 않는다.

그러니 너무 스스로를 형편없다고 생각하지 말자. 한마디에 일희일비하지 말자. 그래봐야 얻는 것은 없으니까 말이다. 너무 찌질한 간호사라고 생각하지도 말자.

누군가는 이 글을 읽으면서 아닌데라고, 나는 환자를 100% 사랑하며, 내 일에 100% 만족하며, 나 자신을 그리고 직장동료를 100% 사랑한다고 말하는 사람이 있을 수도 있다. 그럼 그냥 이 글을 덮어두기를. 단지 내가 말하고 싶은 것은 간호사도 완벽할 수 없고 희로애락이 있는 인간임을 알아달라는 것, 그리고 이 땅에 간호사로 존재하는 이유로 너무 슬퍼하지 말라는 것이다. 그냥 본인 자신도 이런 것에 대해 스트레스 받지 않았으면 하는 마음에서 말이다.

혹시 또 아는가. 《보노보노처럼 살다니 다행이야》(김신회, 놀, 2017)에서 나오는 것처럼 저 간호사가 내게 한 번 친절을 베풀지 않은 것에 대해 그 사람이 나를 무시하는 것도 미워하는 것도 아니고 그냥 과중한 업무로 스트레스가 가득 쌓인 상태구나!라고 생각해주는 사람 한 명 어디 있을지 말이다. 그게 가족이 되었든 동료가 되었든 환자가 되었든 이 땅에 어느 한 명은 있을 것이다.

결론은… 어디에도 늘 완벽한 간호사는 없다. 완벽하려고 하는 간호사가 있을 뿐!

완벽한 간호사가 아닌 보통 사람이고, 지금은 찌질하지만 그 안에서 버티고 노력하고 변화하려고 움찔거리는 것만으로도 우리는 더 이상 찌질하지 않다고 말하고 싶었다. 사람이 꽃보다 아름답고자 한다면 나 자신의 삶이 보이기 위한 마음이 아니라 늘 새로이 피어나려는 노력을 해야 할 것이다. 티 나지 않아도 우리의 삶은 치열하고, 묵묵히 제 갈 길을 가도 우린 생생히 살아있다. 겉으로 드러나지 않는다 해서 분개하고 징징대지 말자. 그러나 어디에선가 불의를 본다면 목소리 한 번은 내자!

바람이 불고 모래가 휘날려도 구름은 움직이고 바다는 제 갈 길을 간다. 감정의 동요가 몰아쳐도 병원에서의 간호사는 각자의 역할 속에서 부지런히 움직이고 있다. 책임감을 갖는다는 것이 얼마나 무거운 일이고 얼마나 어려운 것인지는 안다. 그런데도 간호사들은 더 많은 무게의 책임을 짊어지고 더 많은 사람들에게 내 것을 베풀어 주고 더 많은 희생을 기꺼이 떠맡기에 구름은 움직이고 바다는 제 갈 길을 간다. 바다가 가는 길 속은 비록 어두울 수 있다. 해가 뜨기 전 우리의 세상이 가장 어두운 것처럼 말이다. 간호사로서 충실하고 순간을 제대로 사는 것. 그리고 힘든 환경 속에서도 내 것을 나눠주는 것. 이것이 진정한 삶 아닐까?

사람들은 밝은 세상을 보길 원한다. 어둡지만 밝게 살아가는 사람들의 모습을 보고 싶어 한다. 그래서 불편한 진실을 마주하면 거북해 하고 받아들이기 어려워한다. 그러나 밝음만을 보는 세상은 존재하지 않는다. 밝음과 어둠 모두를 마주치는 일이 우리의 삶이다. 모두가 아는 사실이지만 어두운 공간 속에서 밝음이 더 잘 보인다. 어둠에서도 느끼는 것이 많다. 우리가 삶이 허무하고 고통스럽다고 해서 그 속에 삶은 가치 없다고 느끼는 게 아니라 한 번뿐인 삶이라면 현실을 받아들이면서도 그 가운데 극복하려 해야 할 것이고 왜 그런지 생각해야 봐야 하는 태도. 그것만이 밝음을 만들 수 있을 것이다.

이 세상에 간호사가 힘든 직업임에도 불구하고 간호사라는 직종은 멸종하지 않았다. 그 속에는 그런 현실 속에 꽃피우려는 노력을 하는 각자의 간호사들이 있기 때문이다. 우린 지치고 힘든 상황 속에서 각자 묵묵히 자신의 위치에서 삶을 고민하고 버티고 있다.

100%의 완벽한 간호사는 없다. 매일 일 속에서 환경 속에서 고민하고 되뇌는 불완전한 간호사만 있을 뿐. 완벽하지 않음에도 이 땅에 삶을 고민하는 한 우린 그래서 더 아름답다.

삶의 치열함을 알기 때문에 아름다운 직업. 간호사.

11. 저마다의 사연

우린 쉽게 다른 사람을 부러워하지만 알고 보면 누구나 저마다의 고민과 사연이 있다.

책 쓰기 모임에서 만난 사람들 모두 대단한 사람들의 집합이었다. 의사, 공무원, 회사원, 주부, 간호사 그리고 수학선생님.... 그저 의사로서의 삶을 사는 줄 알았던 선생님은 묵직한 "입양"이란 주제에 대해 특별하지 않다고 덤덤히 말하며 아이를 위해 책을 쓰고 싶다고 말했고, 모든 책에 대해 멋지게 논해 나의 부러움을 샀던 회사원 주부도 소아암을 완치한 아이의 어머니로서의 삶을 살고 있다고 했다. 어떤 이는 나와 같은 간호사여서 같은 글쓰기 주제에 많은 동질감을 느끼기도 했고, 사교육에 몸담은 수학선생님은 이 시대를 살아가는 아이들을 안타까워하며, 아이들의 행복을 위해 고민을 했던 참 교육자였다. 그리고 누가 봐도 자존감 충만해 보였지만 정작 본인은 자존감을 찾고 싶어 하는 50대 공무원도 있었다.

누구나 다른 사람의 삶은 내 삶과 달리 특별할 거라는 생각을 한다. 모두 저마다의 고민과 사연을 가지고 있지만 나만 힘든 것 같다. 그러나 사람들 중에 평탄한 인생만을 사는 사람은 없다. 우리는 인생을 살면서 각자마다의 바람과 어둠을 담으며 살아간다. 성인이 되기까지 무수히 많은 일을 겪었고 무수히 힘든 삶을 살았다. 그리고 버텼다.

사람들은 이런 풍파를 겪으며 세상의 방식을 이해하고 살아간다. 각기 색과 고유의 분위기를 가지고. 바람을 맞은 암벽의 모양이 다르듯, 사람에게 풍기는 분위기, 향기는 다르다. 삶도 다르다. 간호사 또한 그렇다. 저마다의 다른 간호사의 모습이 있다.

나는 아픈 환자를 돌보며 감정이 아플 때가 많은 간호사이다. 나에게 모진 말을 내뱉은 사람들에게 상처를 받아 동요할 때도 있다. 그러나 이것은 내가 나이기에 했던 고민이었다.

병실 문을 열고 들어가는 순간, 내가 마주하고 있는 환자들. 책에서 배워왔던 강력한 진통제 하나로, 말 한마디로 말기 암 환자의 고통은 해결되지 않는다. 어떤 환자는 간호사를 꼬집으며 이런 고통을 느껴보라고 자신의 무게를 나누고 싶어 하기도 한다. 그러나 이런 환자를 마주할 때 답답했지만, 죽음에 직면한 사람이나 암을 진단받은 사람들을 보면 내 아픔쯤은 아무것도 아닌 거라는 생각이 들었다. 이런 환경 때문에 감정이 동요하고 있다고 생각했지만 반대로 생각해보면 이런 환경 때문에 나를 다시 추스를 수 있기도 한 것이었다.

12. 산에 가는 간호사

대한민국 국민은 영어를 10년 넘게 배웠지만 모든 사람이 영어를 능숙하게 하는 것은 아니다. 나 또한 간호사를 한 지 8년이지만 어떤 상황에 따라 적시에 어떤 대처를 할지 몰라 당황스럽기도 한 평범한 사람이다. 때때로 모든 환자의 요구 사항을 수용하지 못하고, 간호사의 자질을 완벽히 갖추진 못했지만 내가 지치고 고민했던 것은 더 나은 삶을 위함이었으며, 마음속 상처는 내 직업에 대한 성장이라고 생각한다.

『인간은 주어진 쾌락을 따분하게 여기며, 직접 얻은 쾌락을 훨씬 더 좋아한다. 그는 무엇보다도 행동하고 정복하는 일을 좋아하는 것이다. 괴롭힘을 당하거나 참고 견디는 일을 좋아하지 않는다. 그러니까 그는 행동이 따르지 않는 즐거움보다는 오히려 행동이 요구되는 고통을 선택한다.

역설가인 디오게네스는 고통이 쾌락보다 낫다고 즐겨

말했다. 그가 말한 고통은 자신이 직접 선택하고 또 희망한 고통을 의미한다. 왜냐하면 그 누구도 남에 의해 주어진 고통은 좋아하지 않기 때문이다.

등산가는 자기의 힘을 발휘하며, 그것을 자기 자신에게 입증한다. 그는 그 힘을 느낌과 동시에 그것을 생각한다. 이와 같은 고차원적인 즐거움이 설경을 더 아름답게 해준다. 그러나 유명한 산의 정상에까지 전차를 타고 올라온 사람은 똑같은 태양을 보아도 느끼는 즐거움이 같지 않다.』

《알랭의 행복론》, 알랭, 디오네, 2016

통제 밖의 일이 일어나는 병원이지만, 나는 간호사를 선택했다. 내가 간호사를 선택한 순간은 희망한 고통을 의미한다. 따라서 간호사로서 해줄 수 없는 일에 대해서 타인이 내게 내뱉는 말에 의한 고통이 나를 지치게 하지만, 마땅히 내 역할에 대해서 고민하고 감정을 바라보는 것이면 충분하다고 본다.

나는 전차를 타고 산에 올라는 간호사는 아니다. 오늘도 뚜벅뚜벅 더디게 걷고 넘어지는 간호사이다. 넘어지며 상처를 치료하는 것. 이 모든 것이 간호사의 삶임을 깨달아가고 있다.

13. 남들이 가지 않는 길을 만드는 아름다운 직업

사람들은 남이 가보지 않은 길에 대해서는 먼저 두려움을 갖는다. 그러면서도 남이 가지 않은 길을 가는 사람들에 대한 생각과 태도는 동경한다. 누구나 척박한 환경에서 살고 싶어 하진 않는다. 힘든 일도 피하고 싶다. 그냥 쉬운 일을 하면서 보수도 넉넉하고 여가시간이 많은 직업이 최고의 직업이라고 생각한다. 그렇게 누군가는 잘 꾸며진 길에, 잘 포장된 길에 발을 디딘다. 그리고 아름답게 잘 가꾸어진 동네에 들어가서 살기 원한다. 그래서 간호사의 직업을 가지려고 하지 않는다. 아름답게 잘 꾸며진 직업이 아니니까....

간호사는 길을 만드는 직업이다. 남들이 가지 않는 길을. 간호사의 환경들을 바라보면 '인위쩐'이란 사람이 생각난다. 중국 황량한 사막에 나무를 심는 여자의 이야기.

인위쩐은 《사막에 숲이 있다》라는 책의 주인공이다. 이 여자는 아름다운 곳이 아닌 왜 황량한 사막에 나무를 심는 것일까? 그냥 나와서 살면 되잖아 하는 생각을 했다. 아름다운 곳에 사는 일반인과는 달리 하나씩 하나씩 그가 살고자 했던 삶을 지키고 그 과정을 일궈갔다.

> 『바람 곁에 스스로 먼지를 털어내고 상처를 치유하는 생명만이 사막에 살 자격이 있다.』
>
> 《사막에 숲이 있다》, 이미애, 서해문집, 2006

주인공은 이런 생각으로 사막에서 나무 심기를 멈추지 않았다. 중간에 남편이 아내 몰래 어렵게 심은 나무를 팔아버리기도 했지만 그 정도로 그녀의 의지가 꺾이지는 않았다. 이 책을 읽으며 '병원에 간호사가 있다'를 생각해 보았다. 남들이 가지 않을, 남들이 피하는 척박한 환경에서 일하면서 많은 상처를 받고 감정의 동요가 오지만 우리 스스로 먼지를 털어내고 일어나면서 각자만의 나무를 심는 간호사 말이다. 한 사람에 의해 세상은 얼마든지 변할 수 있다. 누군가 나로 인해 위로를 받을 수 있고 누군가 나로 인해 한 번 웃을 수 있다면 이런 길을 걸어가는 사람은 누구나 다 존경받을 만하지 않을까.

간호사는 그냥 다시 그 길을 간다. 나 또한 세상이 바라는 간호사의 역할을 강요된 감정만으로 치부하며 거부했다. 그러나 어느새인가 이곳 척박한 병원에서 뿌리를 내리며 나무를 심고 있는 간호사가 되었다. 누군가에 의해 길은 만들어지고, 그 길을 만드는 사람들은 아름답다. 우린 두려워하면서도 남들이 가지 않는 곳을 가고 있다. 책에서처럼 부는 모래바람 때문에 아니면 애써 심은 나무를 팔아버리는 남편 때문에 無로 돌아가는 경우도 있지만 말이다. 그럴 때는 아무 일도 안 하고 있는 것처럼 결과가 보이지 않아 스스로를 하찮은 존재라 생각하기도 한다. 그러나 우리 스스로 너무 하찮다고 생각하지 말자. 그 안에서 나무를 심는 것만으로 충분히 존재 가치가 있고 스스로 존경받아 마땅하니까.

오늘도 또 화를 냈고 슬퍼하기도 했으며 답답하기 고 했고 무수히 많은 역할들을 갖추지 못했지만 간. 호. 사.였다. 그저 당신과 같은 사람인, 그냥 간호사라는 직업을 갖고 있는 간. 호. 사.

흔들리는 시간 속에서 감정은 늘 흘러가기 마련이다. 그렇게 시간은 지나갈 것이고 바람과 모래가 거칠게 휘저을 것이다. 그렇게 오늘도 하루는 끝이 났다. 그러나 오늘이 덧없지는 않다. 적어도 고민했던 흔적의 무늬는 남아 있으므로 그것이 언젠가 빛을 발하는 시기도 올 것이다. 언. 젠. 가.이지만. 우린 감정의 동물이다. 당연히 순간마다 다양한 감정을 느끼듯이 간호사로 일하는 나 자신도 고유한 감정이 있음을 망각하지 말자. 남에게 나의 기분을 맞추려 애쓰지만 말고 나 자신을 돌아보고 나만의 모습 또한 사랑해 주자. 그렇게 해야 남을 더욱 사랑해줄 수 있을 테니 말이다. 그렇게 나의 길을 만들어 가자. 이 또한 간호사의 길이니까.

14. 간호사는 밤하늘의 별과 같다

저 멀리 하늘에는 따뜻함이 느껴진다. 밝은 낮에도 남모르게 빛나는 별처럼 누군가 알아주거나 알아주지 않거나 그저 묵묵히 자신만의 별자리를 걸어가는 간호사들이 있기 때문이다.

절망을 그리는 밤하늘의 현실, 누군가 이해해주지 않는 현실에서는 지치고 아프지만 그럼에도 간호사를 한다. 지금 당장은 내가 간호사 역할 됨을 갖지 못했다고 해서 내가 못났다고 후회하지 않아도 된다. 알아주지 않는 일 때문에 허탈해하지 않아도 된다. 때론 나를 겨누는 사람들에 의해 상처가 나도, 슬퍼도 괜찮다고 말하자. 언젠가 1명이라도 고개를 들고 봐줄 사람이 있다면 그걸로 됐다고 생각했던 적이 있지 않았는가? 난 내가 지켜야 할 가치들이 있으니까 말이다.

나만 잘 살면 행복할 것 같은 이 시대, YOLO라 외치며 온전히 나 자신에게 모든 것을 쏟아부었던 시간들을 떠올려본다. 행복을 위해 혼자 간 여행이지만 여행에서도 누군가와 뭔가를 나눌 수 있고, 누군가를 도울 수 있으면 더욱 행복이 일지 않았던가?

나는 나를 위해 간호사가 되었다. 이 땅에서 내 삶을 열심히 살고 있다는 자부심이 있고 내가 지켜야 할 것들을 지키며 나의 길을 만들어가고 있는 건강한 간호사가. 하지만 나는 오늘 하루도 스트레스 받았고 간호사의 역할 됨을 갖지 못해 또 찌질했다. 연민, 동정, 두려움, 후회로 얼룩진 하루. 그러나 예전처럼 내 속은 썩어 문드러지지 않았다. 남을 위해 기꺼이 희생하는 우리들이 그곳에 있었다는 것만으로 우리는 숭고한 일을 하는 것이고, 그 안에서 우린 충분히 존재 가치가 있다는 것을 알기에 밤하늘 속에서도 별만의 아름다움은 달아나지 않는다.

간호사의 하루하루는 해야만 하는 일들로 쌓여가고 비우고 비워도 비워지지 않은 채 정신없이 흘러간다. 자칫 의미 없이 흘러간다고 느끼는 시간이지만 그 속에서 내가 할 수 있는 역할은 무수히 존재한다. 처음 간호사로 한 발을 떼었을 때는 미처 몰랐지만 시간이 지나면서 이러한 역할은 점점 더 선명해지고 있다. 남들이 알고 있는 것보다 더 넓고 깊은 우리 간호사들의 역할. 저마다 다른 생각과 모습일 순 있지만, 우리는 병원을 밝히는 밤하늘의 별과 같은 존재다. 24시간 빛나고 있지만 낮엔 밝은 태양 때문에 보이지 않는 별. 밤이 되어도 똑같은 자리에 머물러 있지만 누군가 굳이 가리키지 않으면 봐지지 않는 그런 별. 그러나 고개를 들고 멀리 밤하늘을 가만히 바라보면 그때 하나둘씩 우리의 존재가 보일 것이다.

아, 별이 빛나고 있었구나.
항상 그 자리에 있었구나.

Epilogue

나는 평범한 간호사이다. 명문대 간호학과를 나온 것도 아니고, 간호학 박사도 아니다. 우리나라 상위 5대 병원에서 근무하지도 않는다. 나는 그렇게 평범한 삶을 살아왔다. 대한민국에 어디에서나 있을 법한 이야기의 등장인물일 뿐이다. 극적인 삶을 살지도 않았고, 뭐하나 특별한 것, 내세울 만한 것 하나 없는 사람.

글쓰기 또한 재능이 없지만 그럼에도 불구하고 서툴게 글을 쓴 이유는 사회적 직업인 간호사도 당신과 같은 사람이었다는 것을 사람들에게 알려주고 싶어서였다. 다른 직업보다는 조금 더 고단한 일, 보이지 않는 일을 하는 사람이라는 것을. 그저 주사 놔주는 일 말고도 삶과 죽음의 경계에 놓인 사람들을 대하는, 내적 갈등이 많은 일을 하는 사람이라는 것을.

직업마다 존재하는 기대치가 있다. 사람들이 간호사에게 바라는 기대치 때문에, 환자, 의사, 보호자들이 '간호사는 그 모든 것을 다 받아줄 수 있는 관대한 사람'이라 생각할 수 있을 것이다. 그래서 우리에게 모진 소리, 싫은 소리를 서슴없이 하는 게 아닐까?라고 잠시 생각도 해본다. 가까운 사람에게 편하다는 이유로 오히려 상처되는 말을 스스럼없이 하게 되는 경우처럼 말이다. 항상 이런 상처 때문에 나는 직업에 대해 회의감을 느끼고 지치곤 했다. 언성이 높아지는 싸움에 참는 것은 간호사만의 몫이 되고, 잘못된 간호사의 행동은 뭐든 '문제'가 되기 때문이다.

그러나 나는 이런 세상에 살면서도 뻔한 이야기를 좋아했다. 시련을 이겨내면 내 이야기의 결말이 해피엔딩일 거라는 것.

누군가는 말한다. 병원의 환경은 절. 대. 변하지 않을 것이라고. 그러나 나는 세상 모든 것이 변하듯 우리의 세상도 변할 거라 믿는 사람이다. 시련을 겪는 인물이 그 시련을 감내

하고 밝게 살아가는 모습은 뻔한 이야기라 진부하다, 왜 그렇게 바보같이 사느냐고 하기도 한다. 시련을 뭐 하러 겪느냐, 힘들면 때려치워라, 그만해라, 하고 싶은 일을 해라, 언제 죽을지 모른다라고 말하기도 한다. 그러나 의식이 높은 사람은 어떠한 상황이든지 자신이 어떤 태도를 취할지 결정해서 살아간다. 그래서 나는 견디는 사람들의 글을 모은다. "결국, 돌이켜보면 우리는 우리가 생각했던 것보다 훨씬 더 견뎌낼 수 있다."라는 프리다 칼로의 말처럼 우린 생각했던 것보다 많은 것을 해왔으니까.

놔버리지 않는 것, 끈을 잡는 것, 적어도 미래의 나에게 미안하지 않기 위해 내 한계를 넘어보는 것도 살아있는 동안에 가치 있는 일이 아닐까? 물론 각자의 가치 지향점은 다르다. 그러나 적어도 내겐, 뻔한 이야기로 시련을 감내하며 살아가는 사람들의 삶이 더 존귀하다고 생각한다 – 나는 이렇게 생각하며 살아가는 사람이다.

《빅터 프랭클의 죽음의 수용소에서》에 이런 이야기가 나온다.

『2년 전 세상을 떠난 아내에 대한 상실감으로 우울증에 걸린 한 사람에게 말했다.

"선생님, 만약 선생께서 먼저 죽고 아내가 살아남았다면 어떻게 되었을까요?"

"오 세상에! 아내에게는 아주 끔찍한 일이었을 겁니다. 그걸 어떻게 견디겠어요?"

"그것 보세요, 선생님. 부인께서는 그런 고통을 면하신 겁니다. 부인에게 그런 고통을 면하게 해주신 분이 바로 선생님이십니다."

인간의 주된 관심이 쾌락을 얻거나 고통을 피하는 데에 있는 것이 아니라 삶에서 어떤 의미를 찾는 데에 있다는 것은 로고테라피의 기본 신조 중의 하나이다. 자기 시련이 어떤 의미를 갖는 상황에서 인간이 기꺼이 그 시련을 견디는 것도 바로 이 때문이다. 하지만 여기서 확실히 밝혀두어야 할 것이 있다. 의미를 발견하는 데 시련이 '반드시 필요한' 것은 아니라는 사실이다. 나는 단지 시련 속에서도 – 그 시련이 피할 수 없는 시련일 경우 – 의미를 찾을 수 있다는 말을 하고 싶었을 뿐이다. 그러나 만약 그 시련이 피할 수 있는 것이라면 시련의 원인, 그것이 심리적인 것이든, 신체적인 것이든, 정치적인 것이든 그 원인을 제거하는 것이 인간이 취해야 할 의미 있는 행동이다. 불필요하게 고통을 감수하는 것은 영웅적인 행동이 아니라 자기학대에 불과하기 때문이다.』

《빅터 프랭클의 죽음의 수용소에서》, 이시형 옮김, 청아, 2017

내가 말하는 견디는 것의 의미는 무조건적인 버팀이 아니다. 근무시간, 열악한 노동환경, 엄격한 조직문화는 바뀔 수 있는 고통이다. 불필요한 고통은 바꾸기 위해 우리가 노력해야 한다. 누구보다 나도 간호사의 처우가 개선되길 바라는 마음이다. 그러나 간호사의 소진, 완벽히 어떤 역할을 해야 한다는 압박감, 일을 하며 간호사로서 내가 느끼는 감정과 고민은 정답을 찾기 어려운 문제이다.

이런 어려운 문제를 풀며, 간호사로서 삶을 살아가고 있다. 그럼에도 시련 속에서 하나씩 의미 발견을 하고 있다. 이런 상황에서 태도를 바꾸고 내가 이 자리에서 필요한 사람임을 깨닫는 과정. 이런 과정을 밟는 것은 간호사의 삶뿐만 아니라 내가 인간존재로서 삶을 살아가는 과정이기도 하기에 나에겐 의미 있는 일이라고 생각한다.

모든 사람이 자신의 고민에 대해, 자기가 가고 있는 길에 대해서 '정답'을 아는 사람은 없다. 책 한 권에서의 배움으로 그 답을 찾을 수 있는 것도 아니다. 우린 각자만의 방식으로 그 답을 찾는 숨바꼭질을 하고 있다. 나 또한 간호사로 발을 딛고 서 있지만 아직 완성되지 않은 길을 걸으며 답을 찾고 있는 중이다. 이게 정말 맞는 것인지.

그러나 적어도 하나, 내가 이 일을 하면서 느낀 감정, 삶과 죽음에 대한 생각, 관계에 대한 고민은 간호사로 남아 있는 한 미래의 나를 위한 밑거름이 될 것이라 자부한다. 지금의 나는 성장과정에 있는 것뿐임을.

각자마다의 선택은 다르다. 그러나 나는 이러한 이유로 별이 되기로 선택했다. 각자의 별은 안에 있는 자신만의 에너지를 복사해서 스스로 빛을 낸다. 별의 밝기가 방출하는 에너지양에 따라 다르듯 모든 간호사는 각자만의 에너지로, 자신만의 방식대로 빛을 내고 있다. 병원에서 나는 무엇을 하고 있고, 어떤 이들을 돌봐야 하며, 어떤 간호사가 될 것인가를 고민하고 내 안에 에너지를 태우며 힘을 내고 있다.

오늘도 병원은 이런 사람들에 의해 움직인다. 간호사는 빛나는 직업이 아니라 빛을 내는 직업이다. 나는 빛을 내기 위해 나만의 방식으로 내가 낼 수 있는 힘을 다해, 유니폼을 입고 그곳으로 향한다. 오늘도.

이 책은 제 인생에 첫 번째 책이자 전업 작가가 아닌 현직 간호사로서 쓴 책입니다. 누구보다도 평범한 간호사로 살고 있는 제게 책쓰기를 할 수 있게 도와주신 스승 삼독님께 감사를 전하고 싶습니다. 사랑하는 가족과 친구들, 개모임 식구 그리고 의식의 계단을 오르게 만들어준 독서모임 식구들, 언제나 서로 도와주는 우리 호흡기내과 병동 간호사들에게도 감사를 전합니다. 또한 어려운 출판시장에서 이 책이 세상 밖으로 나올 수 있게 믿고 기다려주시고 가능성에 투자해주신 포널스출판사 모형중 대표님, 초교 교정을 도와주신 최영림 선생님, 내용 교정에 힘써주신 윤수현 편집디자이너님, 마지막으로 밋밋한 글에 예쁜 일러스트로 생기를 주신 리딩널스 님께도 감사의 말을 전합니다.

2019년 9월

정 현 선

간호사가 사는 세상

초판 인쇄 | 2018년 9월 1일
발행 | 2018년 9월 5일
2쇄 인쇄 | 2019년 9월 30일
2쇄 발행 | 2019년 10월 7일

지 은 이 | 정현선
발 행 인 | 모형중
디자인·편집 | 윤수현
교정 · 교열 | 최영림, 윤수현
일 러 스 트 | 리딩널스
발 행 처 | 포널스출판사
등 록 | 제2017-000021호
등록기준지 | 서울시 강북구 노해로8길 22 경남아너스빌 311호
강 북 지 점 | 서울시 강북구 삼양로 104 1층
전 화 | 02-905-9671 Fax. | 02-905-9670

도서 반품과 파본 교환은 본사로 문의하시기 바랍니다.
검인은 지은이와의 합의로 생략합니다.

ISBN : 979-11-5746-772-3 03320
정 가 : 15,000원